KB068468

새별의 심플한 PPT 디자인 노하우

새별의 심플한 PPT 디자인

포토샵 없이
보고서,
제안서,
카드뉴스,
썸네일,
로고까지!

노하우 KNOW-HOW

포토샵 없이 완성하는 파워포인트 디자인

———— 유새별 지음

RHK
알에이치코리아

서문

PPT, 파워포인트, 프레젠테이션 등 다양한 이름으로 불리고 있는 파워포인트는 여러분에게 어떤 존재인가요? 저는 파워포인트(PPT)를 '만능 재주꾼'이라고 부릅니다. 발표할 때의 PPT는 나의 스피치를 돋보이게 만드는 '반사판' 역할을 합니다. 보고를 위해 만드는 PPT 자료는 그간의 업무 성과를 가시적으로 보여주는 '대변인'이 되기도 하지요. 취업과 이직을 위해 만든 PPT 포트폴리오는 새로운 기회를 열어주는 '열쇠'가 됩니다. 직장에 포토샵이 없어서 파워포인트로 콘텐츠를 제작하는 사람도 많을 겁니다. 이처럼 설득이 필요한 자리에는 언제나 PPT가 있습니다.

다양한 사람들이 다양한 목적으로 PPT를 사용합니다. 초등학생부터 직장인, 프리랜서까지 PPT를 안 쓰는 사람이 없지요. 그렇지만 PPT를 잘 만드는 방법과 잘 써먹는 방법에 대해서 가르쳐주는 곳은 많지 않습니다. 그래서일까요? 제가 2014년 11월부터 네이버 블로그와 포스트에 'PPT 나도 잘 만들 수 있다'라는 콘텐츠로 업로드를 시작하자 폭발적인 반응이 나왔습니다. 1년이 채 안 되는 기간에 7만 명이라는 팔로워가 생겼고, 저는 15만 6천명의 팔로워를 지닌 인플루언서로 성장하게 되었습니다. 누적 조회수가 2,500만을 돌파하게 됐죠. 이 숫자들이 의미하는 것은 무엇일까요? 저는 이러한 반응이 PPT 콘텐츠에 대한 갈증이라고 생각합니다. PPT를 잘 하고 싶지만 잘 만드는 것이 너무도 어렵고, 누구도 방법을 알려주지도 않는다는 걸 말해주죠.

저의 첫 번째 책 《새별의 파워포인트 디자인 수업》 출간 이후 산업적으로나 환경적으로 많은 변화가 생겼습니다. 뉴노멀 시대가 도래하였고, N잡러가 대세로 등극했습니다. 또한, 코로나19로 인해 많은 일들이 '언택트(비대면)'로 변화했죠. 기술의 발달로 인해 시각 디자인으로 커뮤니케이션을 할 일이 많다 보니 PPT 디자인에 대한 요구 수준도 많이 올라간 상태입니다. 그래서 첫 번째 책을 과감히 절판하고, 현 시대에 맞는 내용으로 새로운 책을 쓰게 되었습니다. 첫 번째 책에서 부족했던 점을 보완하면서 여러분이 바쁜 시간을 쪼개서 따라할 수 있도록 챕터를 세분화하였습니다. 또한 한번 배워 두면 계속 쓸 수 있는 내용으로 구성했습니다.

직업이 바뀌어도, 직장이 바뀌어도 PPT는 계속해서 나를 도와주는 도구가 될 것입니다. PPT로 보고서, 프레젠테이션용 자료는 물론이고, 블로그, 페이스북, 인스타그램에 쓸 썸네일과 카드 뉴스, 포스터, 로고, 동영상 등 무엇이든 만들어낼 수 있습니다.

책에서 미처 다루지 못한 내용들과 더 많은 실습 예제 및 템플릿은 저의 SNS 채널에서 만나볼 수 있습니다.

감사의 말씀

이 책은 많은 분들의 노력과 아이디어 그리고 응원이 담긴 책입니다. 제 콘텐츠를 아껴주시고 늘 응원해주시는 11만 5천 명의 구독자 여러분과 4만 6천 명의 이웃 분들께 감사 인사를 전합니다. 제가 두 번째 책을 무사히 낼 수 있도록 다방면으로 힘써 주신 알에이치코리아의 모든 분들께도 감사의 말씀을 드립니다.

첫 번째 책을 쓰기로 결심하고 완성한 것이 스타벅스였는데요. 두 번째 책도 매일 스타벅스에서 작업하며 완성하게 되었습니다. 열심히 일하는 것의 의미를 일깨워주고 매일 저에게 좋은 에너지를 주신 스타벅스에도 감사의 인사를 드려요. 특히 묵동점 파트너 여러분들 진심으로 감사합니다.

제가 이 자리에 오기까지 많은 분들의 도움이 있었습니다. 제 콘텐츠가 세상에 더 많이 알려질 수 있도록 발굴해주신 네이버 20 PICK 최용혁 매니저님, 네이버 블로그 및 포스트 매니저 여러분 감사합니다. 고등학교 3년 내내 저에게 큰 도움을 주셨던 김도형 변호사님, 할 수 있다고 늘 용기를 주셨던 김용임 선생님, 제 사업에 많은 조언을 주셨던 이진규 매니저님을 비롯한 인생 선배들께 감사의 말씀을 올립니다.

대학 생활 동안 경험의 지평을 넓힐 수 있도록 기회를 주셨던 신한장학재단에도 진심으로 감사의 말씀을 드립니다. 무슨 일이 있어도 항상 제 편이 되어주는 송이, 경랑, 민재, 지원, 혜원 언니, 세정 언니, 지원 언니, 귀란 언니, 정은 언니 정말 고맙습니다. 이 일을 시작할 수 있게 해 준 멋진 소원 요정 한솔이와 네이버 소멤 친구들, 이화여대 폴라리스 친구들도 고맙습니다. 따뜻한 사람의 정을 느끼게 해준 예쁘고 멋진 우리 K-JET 25기 동기들(미현 언니, 수빈 언니, 희은 언니, 소정 언니, 성은 언니, 성희 언니, 경진 언니, 경희 언니, 연경 언니, 동수 오빠, 현주, 희원, 지수, 송희)을 비롯한 JET 선후배 여러분 감사합니다.

어려운 상황 속에서 '늘 어떻게 하면 될까?'를 함께 고민해 준 우리 엄마와 언니, 묵묵하게 가족을 지켜주는 형부, 예쁜 조카 재민이에게도 감사합니다. 돌아가신 아빠의 빈자리를 따뜻한 사랑으로 품어준 우리 외갓집 식구들에게 감사의 말씀을 드립니다. 꾸준함이라는 근성을 물려주고 하늘에서 저를 보고 있을 우리 아빠에게 이 책을 바칩니다.

저의 이 모든 영광을 하나님께 돌립니다.

감사합니다.

새별 드림

이 책의 구성

이 책 활용법

Preview

실습 예제를 보고 원하는 예제를 따라해보세요. 실습 예제 완성 미리보기를 통해 내가 어떤 것을 만들지 이미지로 선택할 수 있습니다.

실습 파일 활용

예제를 따라하는 데 필요한 이미지와 실습 파일을 제공합니다. 예제 파일은 실습 예제의 분위기와 어울리는 색상 테마도 포함하여 저장되어 있습니다. PPT 제작 시간이 부족하다면 완성 파일을 참고해서 작업해보세요. 이 책에 포함된 부록 파일에는 각 파트 별 예제와 완성 예제가 포함되어 있습니다.

실습 예제 파일
QR코드

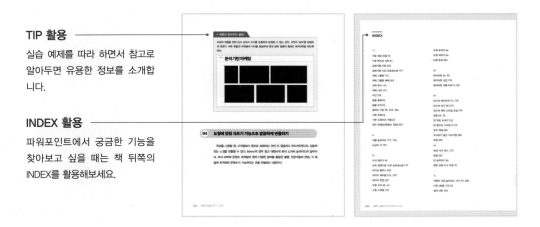

TIP 활용

실습 예제를 따라 하면서 참고로 알아두면 유용한 정보를 소개합니다.

INDEX 활용

파워포인트에서 궁금한 기능을 찾아보고 싶을 때는 책 뒤쪽의 INDEX를 활용해보세요.

예제 미리 보기

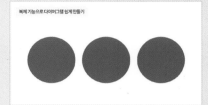
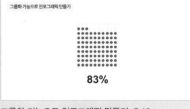

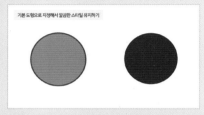
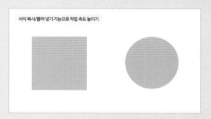

복잡해 보이는 요소는 빼거나 슬라이드 분할하기 P.97

3*3 비율로 배열하기 P.99

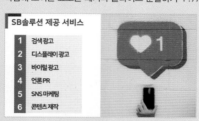

글머리 기호 대신 숫자 사용하기 P.101

중요한 내용은 도형과 픽토그램으로 강조하기 P.104

CHAPTER 1. 도형 활용하기

윤곽선 없는 도형으로 깔끔함 연출하기 P.109

불투명 도형으로 다이어그램 만들기 P.112

직사각형으로 단순 텍스트 묶어주기 P.115

무채색 직사각형으로 내용 단위로 묶어주기 P.118

CHAPTER 2. 선 활용하기

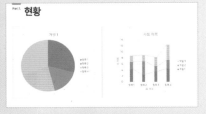

CHAPTER 1. 시각 자료 편집하기

사진 크기 동일하게 편집하기 P.143

도형에 맞춰 자르기 기능으로 깔끔하게 연출하기 P.145

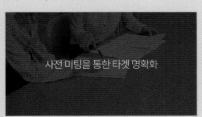

사진이 글씨를 가리지 않도록 밝기 조율하기 P.147

픽토그램 스타일은 하나로 통일하기 P.150

사진과 글꼴 크기 비율 맞추기 P.152

선과 음영으로 깔끔하게 표 정리하기 P.154

CHAPTER 2. 색상 조율하기

3가지 색으로 색 조합하기 P.157

배경색은 무채색으로 맞추기 P.161

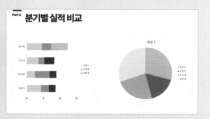

글꼴과 배경색이 대조되게 하기 P.163

그래프의 주요 데이터는 강조색, 나머지는 무채색으로
표현하기 P.167

PART 5

**5단계
나만의
PPT 템플릿
만들기**

CHAPTER 1. 심플하고 세련된 나만의 템플릿 만들기

도형과 사진으로 깔끔하고 세련된 표지 만들기 P.171

흐름이 잘 보이는 목차 만들기 P.174

사진으로 소표지 만들기 P.177

내용 레이아웃(제목 바) 만들기 P.185

CHAPTER 1. 보기 편한 보고서 디자인하기

보고서 표지 슬라이드 만들기 P.193

보고서 목차 슬라이드 만들기 P.195

보고서 소표지 슬라이드 만들기 P.197

보고서 내용 슬라이드 만들기 1 (스마트아트 활용하기)
P.198

보고서 내용 슬라이드 만들기 2 (표 만들기) P.201

보고서 내용 슬라이드 만들기 3 (흐름도 만들기) P.203

CHAPTER 2. 계약으로 이끄는 제안서 디자인하기

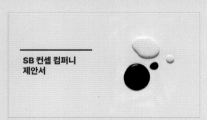

제안서 표지 슬라이드 만들기 P.207

제안서 목차 슬라이드 만들기 P.209

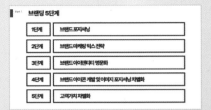

제안서 단계 슬라이드 만들기 P.211

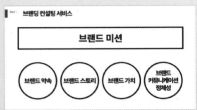

제안서 서비스 소개 슬라이드 만들기 P.213

제안서 효과 슬라이드 만들기 P.215

제안서 키워드 강조 슬라이드 만들기 P.217

CHAPTER 3. 팔리는 기획안 디자인하기

기획안 표지 슬라이드 만들기 P.220

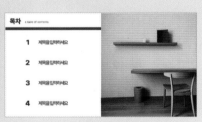

기획안 목차 슬라이드 만들기 P.222

기획안 상품 소개 슬라이드 만들기 P.224

기획안 목업(Mockup) 합성 슬라이드 만들기 P.227

기획안 특장점 슬라이드 만들기 P.229

기획안 마케팅 방안 슬라이드 만들기 P.231

CHAPTER 4. 강의 교안 디자인하기

강의 교안 프로필 슬라이드 만들기 P.235

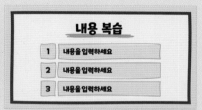

강의 교안 내용 복습 슬라이드 만들기 P.238

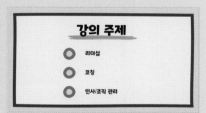

강의 교안 강의 주제 슬라이드 만들기 P.240

강의 교안 동영상 슬라이드 만들기 P.242

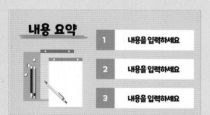

강의 교안 내용 요약 슬라이드 만들기 P.244

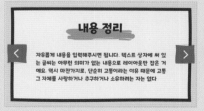

강의 교안 내용 정리 슬라이드 만들기 P.246

CHAPTER 5. 회사 소개서 디자인하기

회사 소개서 표지 슬라이드 만들기 P.249

회사 소개서 목차 슬라이드 만들기 P.251

회사 소개서 소표지 슬라이드 만들기 P.253

회사 소개서 비전 슬라이드 만들기 P.255

회사 소개서 연혁 슬라이드 만들기 P.257

회사 소개서 연락처 슬라이드 만들기 P.259

CHAPTER 6. 취업용 포트폴리오 디자인하기

취업용 포트폴리오 표지 슬라이드 만들기 P.262

취업용 포트폴리오 주요 이력 슬라이드 만들기 P.264

취업용 포트폴리오 핵심 역량 표현 슬라이드 만들기
P.266

취업용 포트폴리오 업무 적합도 슬라이드 만들기
P.268

취업용 포트폴리오 프로그램 숙련도 슬라이드 만들기
P.270

취업용 포트폴리오 사진 레이아웃 슬라이드 만들기
P.272

CHAPTER 3. 주목성 있는 카드뉴스 만들기

P.284

CHAPTER 4. 한 장짜리 포스터 만들기

P.291

CHAPTER 5. 모핑 기능으로 슬라이드 만들기

표지 슬라이드 만들기 P.295

디자인 슬라이드 만들기 P.297

목차 슬라이드 만들기 P.299

내용 슬라이드 만들기1 P.301

내용 슬라이드 만들기2 P.303

내용 슬라이드 만들기3 P.306

PPT 능숙도 자가 진단

PPT 능숙도에 따라 책에 나온 예제의 난이도가 달리 느껴질 수 있어요. 5단계 중 자신이 어느 수준에 해당하는지 살펴본 후 책을 활용하시면 더욱 좋습니다.

1단계 | 흰 바탕에 검은 글씨로 작성

흰 바탕에 검은 글씨로 작성하는 수준으로 파워포인트 기본 기능에 대해서만 알고 계신 분이라면 PART 1부터 차근차근 읽어 보는 것을 추천합니다.

2단계 | 기능 많이, 다채로운 글꼴 쓰기

기본적인 기능은 알고 있는데 디자인 적으로 고민이 많다면 PART 2 CHAPTER 2부터 PART 4까지 소개된 BEFORE & AFTER 슬라이드를 보고 그중에서 참고할 만한 내용을 학습하는 것을 추천합니다.

3단계 | 깔끔하게 정리해서 만드는 단계

우측의 이미지처럼 깔끔하게 정리해서 PPT
를 만드는 것이 가능하다면 PART 3~7까지
예제 미리 보기를 보고 학습해보고 싶은 예
제를 따라서 만들어 보는 것을 추천합니다.

4단계 | 상황에 맞는 적절한 디자인

상황에 맞는 적절한 디자인을 할 줄 안다면
PART 5~7의 예제를 그대로 따라하는 것이
아니라 본인만의 스타일로 변형하면서 따라
해 보는 것을 추천합니다.

5단계 | 파워포인트로 인포그래픽까지

파워포인트로 인포그래픽 제작이 가능하다면
책 속 예제와 더불어 새별의 파워포인트 네
이버 포스트 콘텐츠를 활용하여 학습하는 것
을 추천합니다. 포스트 콘텐츠 중 '파워포인
트 나도 예쁘게 만들 수 있다' 시리즈와 부록
파일을 하나하나 살펴보며 어떻게 만들었는
지 분석하면 충분히 본인의 스타일로 응용할 수 있을 겁니다.

바쁘신 분들은 이것만 보세요

바빠서 시간이 부족하신 분들은 아래의 파트를 우선 읽어 보면 좋습니다.

1   기획이 막힐 때

2   텍스트 다듬을 때

3   빠른 PPT 작업이 필요할 때

차례

PART 1 | 1단계 아이디어 스케치하기

CHAPTER 1. 엉킨 아이디어 풀기

CHAPTER 2. PPT 기본 기능 200% 활용하기

PART 2 | 2단계 글 다듬고 내용 배치하기

CHAPTER 1. 텍스트 정리하기

CHAPTER 2. 레이아웃 다듬기

PART 3 | 3단계 도형과 선으로 디자인하기

CHAPTER 1. 도형 활용하기

CHAPTER 2. 선 활용하기

PART4 | 4단계 시각 자료와 색상 편집하기

CHAPTER 1. 시각 자료 편집하기

CHAPTER 2. 색상 조율하기

PART 5 | 5단계 나만의 PPT 템플릿 만들기

CHAPTER 1. 심플하고 세련된 나만의 템플릿 만들기

PART 6 | 6단계 상황과 목적에 맞는 PPT 만들기

CHAPTER1. 보기 편한 보고서 디자인하기

CHAPTER2. 계약으로 이끄는 제안서 디자인하기

CHAPTER3. 팔리는 기획안 디자인하기

CHAPTER4. 강의 교안 디자인하기

CHAPTER5. 회사 소개서 디자인하기

CHAPTER6. 취업용 포트폴리오 디자인하기

PART 7 │ 7단계 PPT로 SNS 콘텐츠 만들기

CHAPTER1. 나만의 로고 만들기 278

CHAPTER2. 한눈에 보이는 블로그 썸네일 만들기 281

CHAPTER3. 주목성 있는 카드뉴스 만들기 284

CHAPTER4. 한 장짜리 포스터 만들기 291

CHAPTER5. 모핑 기능으로 슬라이드 만들기

PART 1

1단계
아이디어
스케치하기

PART 1에서는 PPT를 만들기 전 복잡한 머릿속을 정리하고 기본을 세팅하는 과정을 다루고 있다. CHAPTER 1에서는 엉킨 아이디어를 푸는 방법에 대해서, CHAPTER 2에서는 파워포인트 기본 설정을 내 작업 환경에 맞게 설정하는 방법에 대해서 배우게 될 것이다. 제목과 개요를 짠 뒤 책상 정리를 하는 과정이라고 생각하고 읽어보자.

CHAPTER 1	엉킨 아이디어 풀기

01 왜 만드는지 한 문장으로 정리하기

PPT를 만들때 일반적으로는 파워포인트 프로그램을 실행하여 텍스트를 입력하고 작업을 시작하는 경우가 대부분이다. 그렇게 작업하다가 몇 번이고 수정하는 과정을 거치며 지친 경험이 있을 것이다. 사실 PPT 문서는 기획이 80%라고 해도 과언이 아니다. 그렇기 때문에 파워포인트 프로그램 실행 전에 꼭 정리하고 넘어가야 할 것이 있다. 바로 "왜, 이 PPT 문서를 만드느냐?"다. 이에 대해 한 문장으로 답할 수 있어야 한다.

미국의 전략 커뮤니케이션 전문가 사이먼 사이넥Simon Sinek의 TED 강의인 '위대한 리더들이 행동을 이끌어 내는 법'을 보면, 사람들의 마음을 움직이려면 왜(WHY)로 시작하라고 말한다. 대부분의 사람들은 문제를 해결할 때, 무엇(What) – 어떻게(How) – 왜(Why) 순으로 접근하곤 한다. 하지만 그의 주장에 따르면 세상을 바꾸는 사람들과 회사는 왜(Why) – 어떻게(How) – 무엇(What)순으로 접근한다는 것이다. 여기서 왜(Why)는 존재 목적, 어떻게(How)는 과정에 해당하며, 무엇(What)은 그 결과라고 볼 수 있다.

| 골든 서클 (Golden Circle)

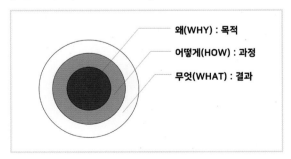

우리의 뇌는 크게 3개 부분으로 나뉘어져 있는데, 이는 사이먼 사이넥이 말하는 골든 서클과도 일맥상통한다. 신피질은 '무엇'에 해당하고, 이성적이고 분석적인 사고와 언어를 담당하며, 중간의 두 부분이 뇌의 변연계를 이룬다. 변연계는 우리의 모든 감정을 조절하고 의사 결정을 담당한다고 알려져 있다. 우리가 설득에 성공하기 위해서는 결국 변연계를 자극해야 하기 때문에 마음을 움직일 수 있는 왜(WHY)에 해당하는 목적을 명확히 하는 것이 중요하다.

PPT를 '왜' 만드는지, 그 '목적'을 명확히 밝히는 것이 우리가 첫 번째로 할 일이다. 궁극적으로 어떤 목적을 갖고 만드는지 명확히 할 필요가 있다. 골든 서클의 개념을 PPT에도 동일하게 적용해보자.

왜(WHY) 이 PPT를 만드는가?	
어떻게(HOW) 설명할 것인가?	
무엇(WHAT)을 보여줄 것인가?	

이런 식으로 PPT를 만드는 목적과 과정, 결과를 정리하면 제한된 시간과 자원 속에서 PPT를 만들 때 어떻게 판단을 내릴 것인지 명확한 가이드라인이 생긴다. 예를 들어, 소규모 출판사에서 '이번 분기 실적 보고 및 내년 상반기 신규 도서 기획안'을 발표하는 상황이라고 가정하고 골든 서클 양식에 맞춰서 PPT 제작 목적을 밝혀보자.

왜(WHY) 이 PPT를 만드는가?	내년 상반기에 출간할 신규 도서 제안
어떻게(HOW) 설명할 것인가?	실적과 동향을 토대로 왜 이런 신규 도서를 제안하게 되었는지 흐름 설명
무엇(WHAT)을 보여줄 것인가?	신규 도서 예상 매출, 파급 효과 등

중소기업 광고 대행사에서 회사 소개서를 만든다고 가정하고 골든 서클을 추가로 작성해보겠다.

왜(WHY) 이 PPT를 만드는가?	신규 고객 모집
어떻게(HOW) 설명할 것인가?	현재 고객사와 숫자 위주의 스토리텔링, 적절한 그래픽을 사용하여 신뢰감 형성
무엇(WHAT)을 보여줄 것인가?	실적과 전문성 등 사례 위주 설명

02 메모장에 떠오르는 아이디어 적기

　　PPT를 왜 만드는지, 어떻게 설명하고 무엇을 보여줄 것인지 정리했다면, 이번에는 생각나는 아이디어를 전부 적어보는 작업을 하면 좋다. 그 이유는 PPT를 만들 때 PPT 업무만 주어져 있는 경우는 드물기 때문이다. 보통 다른 여러 가지 일을 동시에 진행하면서 PPT를 제작하기 때문에 일부 내용이 누락되거나 정리 정돈이 잘 안 될 때가 많다.

　　메모장이나 워드, 이면지 등 도구는 편한 것을 선택하면 된다. 가끔 '파워포인트에 곧장 적으면 되지 않아요?'라고 묻는 분들이 있다. 그렇게 하면 작업을 하면서 파워포인트 화면을 보며 내용을 적게 된다. 전체적인 짜임새가 그려지지 않은 상태에서 계속 파워포인트 상으로 내용 정리를 하면, 논리적인 구조를 짜지 않았는데 파워포인트로 내용 정리가 끝났다고 착각할 수 있다. 왜냐하면 작업하는 사람 입장에서는 계속해서 본 내용이라 정돈이 됐다는 생각이 들기 때문이다. 그렇기 때문에 넣어야 할 내용을 파워포인트 외에 다른 도구를 사용하여 내용을 정리해서 숲을 보는 것이 중요하다.

　　예를 들어, 아래와 같이 메모장에 정리할 수 있다. 앞선 예로 들었던 소규모 출판사에서 이번 분기 실적 보고 및 향후 마케팅 방향에 대해서 제안하는 계획서를 발표한다고 가정해보자.

들어가야 할 내용	
진행 목적	
현재 상황	

성과/평가	
최근 출판시장 트렌드	
주요 타깃층 분석	
환경 분석	
개선 방향	
예상 독자	
세부 컨셉	
예상 매출	
추진 전략	
실행 계획	
실행 결과	
기대 효과	
비용	
강조할 부분	
예상 매출액 강조	
기대 효과	
연출 아이디어	
사진 이미지로 세부 컨셉 연출	
픽토그램으로 기대 효과 연출	

다음은 중소기업 광고 대행사에서 회사 소개서를 만든다고 가정하고 아이디어를 정리해 보겠다.

들어가야 할 내용	
회사 개요	
주요 사업 영역	
사업 내용	
사업 계획	
시장 전망	
조직도	
위치	
지원 서비스	
왜 우리 회사인가?	
제휴 회사	
업무 처리 과정	
레퍼런스	
강조할 내용	
왜 우리 회사인가?	
지원 서비스	
연출 아이디어	
불투명 도형과 픽토그램 활용	

일단 순서나 관계 상관없이 생각나는 대로 들어가야 할 내용, 강조할 부분, 연출 아이디어 등으로 세분화한 다음, 하위 항목을 상세히 작성하는 방법으로 정리하면 된다. 적다 보면 어떤 내용에서 자료 조사가 덜 끝났는지, 어떤 부분의 디자인에 힘을 실어야 하는지 감이 잡힌다. 감이 잡히지 않는다면 아래 구조화 단계를 거치면 눈에 보일 것이다.

03 마인드맵으로 내용 구조화하기

어떤 내용을 PPT에 담을 것인지 메모장 정리가 끝났다면 마인드맵으로 전체 구조를 짠다. MECE(미씨) 정리법에 대해서 들어본 적이 있는가? MECE 정리법은 맥킨지 컨설팅에서 최초로 사용했다고 알려진 정리법이다. MECE는 "Mutually Exclusive, Collectively Exhaustive(상호 배타적이고, 종합적으로 총망라된)"의 약자다. 다시 말해 서로 중복되지 않고, 전체적으로 누락된 것이 없게 정리한다는 뜻이다.

| MECE

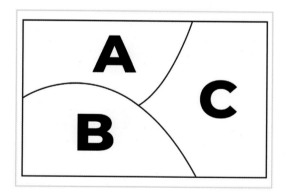

MECE 정리법은 위의 그림처럼 전체적으로 봤을 때 내용이 다 들어가면서도 서로 겹치지는 않는 것을 말한다. 예를 들어 A: 가위, B: 바위, C: 보 같은 것이 될 수 있다. 두부 한 모도 MECE로 설명할 수 있다. 두부를 썰어서 토막으로 나눌 수 있지만, 두부 한 모라는 것에는 변함이 없는 식으로 PPT의 논리 구조를 짜면 된다. MECE 정리법으로 내용을 구조화하게 되

면, PPT의 논리적 얼개가 촘촘하게 짜여져 보는 사람이 보기 편하고 논리적으로 흠결 없는 PPT가 완성된다.

MECE하게 내용을 정리하려면 이슈에 대해서 쪼개는 과정이 필요하다. 마인드맵을 이용해서 이슈를 나누고, 그중 굳이 언급할 필요가 없거나 중요도가 낮은 이슈들은 제외한다. 그런 다음 기승전결 구조로 내용을 정리한다. 기간, 목표, 범위, 산출물 등 계획적인 부분을 정리하고, 그에 따른 예상 결과를 정리한다. 정리한 내용을 토대로 PPT를 제작하면 구조가 튼튼한 PPT가 만들어진다.

MECE하게 내용을 정리할 수 있도록 도와주는 도구가 바로 마인드맵이다. 마인드맵 프로그램은 이 중에서 몇 개 살펴보고, 본인 상황에 맞는 편한 프로그램을 쓰면 된다. 여러 프로그램 중에 2가지 프로그램을 간략히 소개한다.

엑스 마인드 (Xmind) www.xmind.net

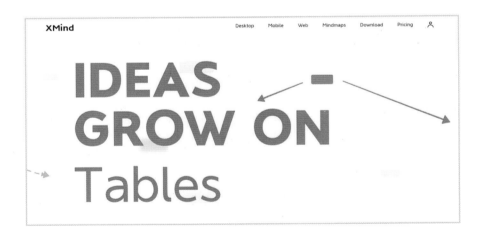

엑스마인드Xmind는 필자가 예전부터 사용하는 마인드맵 프로그램이다. 무료로 사용이 가능하며, 일부 기능은 유료. 키보드의 Tab 키를 누르면 하위 항목이 생기고, 드래그 앤 드롭으로 내용을 정리할 수 있어 매우 편리하다. 윈도우, 맥 운영체제 상관없이 사용이 가능하며 앱도 있어서 호환성이 우수하다.

깃마인드 (Gitmind) gitmind.com/kr

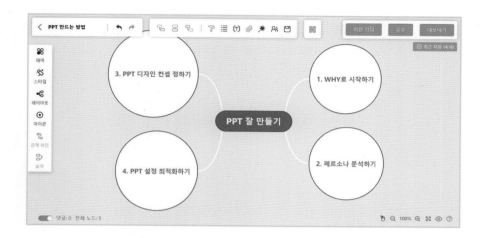

또 다른 온라인 마인드맵 프로그램은 깃마인드Gitmind다. 깃마인드는 무료로 사용할 수 있고, 웹 앱과 프로그램 모두 지원하는 형식이어서 온라인으로 내용을 정리할 수 있다는 장점이 있다. 엑스마인드와 마찬가지로 Tab 키를 누르면 하위 항목을 추가할 수 있고 템플릿도 다양하게 지원해서 사용이 편리한 것이 장점이다.

'전체적으로 봤을 때 중복 없이, 누락된 내용 없이'라는 MECE의 원칙에 따라 정리하면 설득 대상이 내용을 이해하기 쉬워져 PPT의 전달력이 높아진다.

04 '페르소나 기법'을 활용하여 전달 대상 분석하기

MECE(미씨) 기법을 활용해 논리적으로 내용 정리가 끝났다면 PPT를 볼 대상에 대해 철저하게 분석해보자. 일명 사용자 경험 디자인에서 자주 사용하는 '페르소나 기법'을 활용해서 정리를 시작할 것이다. 페르소나란 어떤 서비스나 제품, 사이트 등을 사용하는 다양한 사용자들의 유형을 대표하는 가상의 캐릭터를 말한다. 이를 PPT 제작에도 적용해보자. 이 과정을 거치면 상대방의 입장에서 보기 편한 PPT를 만드는 데 큰 도움이 된다.

이렇게 한 번 정리하는 습관을 들이면, PPT를 볼 설득 대상의 취향에 맞는 PPT 디자인 구현이 쉬워진다. 내가 좋아하는 PPT 글꼴과 부장님이 좋아하는 PPT 글꼴은 다를 수 있다. 내눈에는 마음에 들지 않는 디자인이 부장님 눈에는 마음에 들 수 있다는 걸 알게 되면, 기준으로 삼을 디자인 스타일이 명확하게 결정된다.

이름	
성별	
연령대	
직책	
담당 부서	
평소 옷차림	
업무 지시 스타일	
선호하는 보고 스타일	
선호하는 브랜드	
좋아하는 색	
그동안의 경험	
주변 사람들의 이야기	
그/그녀가 할 것 같은 말	
가족 관계	
MBTI	
불만 사항	
목표	
동기 부여 요소	

앞서 예시로 들었던 상황인 소규모 출판사에서 현황 보고 및 향후 마케팅 계획을 부장님에게 보고 한다고 가정하고 페르소나를 예시로 작성해보겠다.

이름	김미향
성별	여성
연령대	40대 중반
직책	부장
담당 부서	마케팅팀
평소 옷차림	깔끔하고 여성스러우며 편한 스타일
업무 지시 스타일	부드럽게 돌려 말하는 것을 좋아함
선호하는 보고 스타일	예쁘게 말하기
선호하는 브랜드	메종 마르지엘라
좋아하는 색	베이지
그동안의 경험	출판사에서 출판 기획 업무를 계속해서 맡았었음
주변 사람들의 이야기	부드럽지만 마음에 들지 않는 기획안을 가져오거나, 방안이 별로인 경우에 계속해서 다시 해서 가져오라고 하는데 무엇이 불만인지 명확한 업무 지시가 안 내려져서 부하 직원들이 힘들어 함
그/그녀가 할 것 같은 말	"아, 근데 잘 될까~?" "아니, 음, 열심히 생각해오는 건 좋은데, 이건 좀 아닌 것 같지 않아?"
가족 관계	독신
MBTI	INFP

불만 사항	요즘 신입들은 하나하나 알려주지 않으면 열심히 하질 않아서 당황스러움. 자기가 신입일 때는 업무 외 시간에도 서점을 돌아다니면서 어떤 책을 팔아야 할까 고민하고 그랬는데, 요즘 직원들은 그렇게 생각하지 않던데….
목표	독립출판사 차리기
동기 부여 요소	흥미로운 아이디어

이번에는 광고 대행사에 근무하는 상사가 결재를 받을 사람인 상황에서, 회사 소개서를 만드는 상황을 가정하여 페르소나를 작성해보겠다.

이름	이길동
성별	남성
연령대	40대 후반
직책	부장
담당 부서	마케팅팀
평소 옷차림	정장
업무 지시 스타일	명확하고 군더더기 없는 지시
선호하는 보고 스타일	필요한 말만 하기
선호하는 브랜드	벤츠
좋아하는 색	네이비, 회색, 검은색
그동안의 경험	광고 대행사만 다님

주변 사람들의 이야기	완벽주의 성향이고 카리스마가 있어서 무서움. 디자인 감각은 별로 없는데 광고 대행사에서 일하다 보니 센스 있는 사람이 되고 싶어서 잡지도 많이 보고 자료 수집 전문가라고 불릴 정도로 열정이 넘치는 편.
그/그녀가 할 것 같은 말	"이게 최선이야?" "완벽하게 준비 됐어?"
가족 관계	결혼, 아들 1명
MBTI	ESTJ
불만 사항	요즘 젊은 직원들은 업무에 대한 열정도 별로 없어 보이고, 야근하는 걸 싫어하고 회식도 안 좋아해서 이해가 잘 되지 않음. 어떻게 모범을 보여야 할까 조금 고민.
목표	대표
동기 부여 요소	열정적인 사람

이런 식으로 아는 내용에 대해서 취합을 하다 보면 어떤 PPT 자료를 만들어야 할지 감이 잡힌다. 그리고 설득 대상이 좋아하는 PPT나 칭찬을 받은 PPT 예시가 있으면 더 좋다. 그걸 바탕으로 약간 업그레이드 버전으로 제작하면 칭찬받는 PPT가 탄생할 것이다.

평소에 좋아하는 글꼴이나 스타일이 있는지 눈여겨보고 네트워킹을 활용하여 정보를 수집해보자. 만약에 설득 대상이 여러 명이라면, PPT 주제에 맞춰 가장 많이 볼 것 같은 사람이라고 가정해서 페르소나를 작성하면 된다.

파워포인트 제작 목적을 명확히 하고 내용의 논리 구조를 짜고, 페르소나 분석을 마쳤다. 이제 본격적으로 PPT 디자인 컨셉을 정해보자. PPT를 구성하는 디자인 요소는 크게 레이아웃, 글꼴, 색상 3가지로 나누어서 생각해볼 수 있다.

| PPT 디자인 3요소

1. 레이아웃

먼저 PPT 디자인 요소 중 레이아웃은 틀과 내용 구분의 역할을 하기 때문에 가장 중요하다고 해도 과언이 아니다. 글꼴 선택이나 색상 선택에 어려움이 있다고 하더라도 레이아웃을 잘 만들 줄 알면 PPT 내용 전달에는 크게 문제가 없다.

레이아웃이란 책이나 신문, 잡지 등에서 글이나 그림을 효과적으로 정리하고 배치하는 일을 말한다. 레이아웃을 다루기 전에 기본적으로 알아야 할 것이 있다. 사람이 한 번에 기억할 수 있는 정보는 최대 3가지에서 7가지라는 사실이다. 따라서 슬라이드에 내용을 구성할 때 가급적 3가지에서 최대 6가지 정도로 정리해두는 습관을 들이는 게 좋다.

┃ PPT 레이아웃 살리는 법

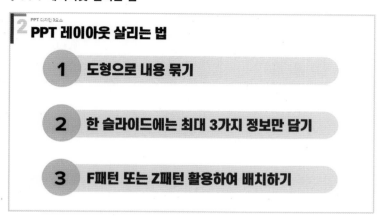

우리는 전화번호를 쓸 때 하이픈(−)으로 구분한다. 실제로 전화를 걸 때는 하이픈을 누르지는 않는다. 하지만 하이픈의 존재로 전화번호를 기억하기 쉬워진다. 마찬가지로 PPT 레이아웃 만들 때에도 몇 개의 단위로 묶어서 디자인을 해주시면 훨씬 보기 편한 디자인이 나온다.

게슈탈트 심리학에 의하면 사람은 비슷한 형태의 것이 묶여 연속으로 나타날 것이라고 생각하는 경향이 있다고 한다. 이는 PPT 문서를 볼 때도 마찬가지이며, 본능적인 인지 습관이 반영이 된다. 인간은 유사한 시각 요소들을 하나의 그룹으로 묶거나 가까이 있는 2개 또는 그 이상의 시각 요소를 하나의 그룹으로 인식해서 보려는 경향이 있다. 이러한 형태 심리학을 연구한 베르트하이머의 '인지이론'에 따르면 인간은 형태를 파악하는 데 크게 4가지 패턴이 있다고 한다.

1. 유사성의 법칙: 유사한 시각 요소들끼리 묶어 하나의 패턴으로 보려는 경향
2. 근접성의 법칙: 형태가 서로 가까이 있을수록 함께 집단화되는 경향
3. 완결성의 법칙: 빈 곳이 있는 도형을 완성된 형태로 보려는 경향
4. 연속성의 법칙: 어떤 형태나 그룹이 방향성을 갖고 연속된 선으로 흐르는 것처럼 보이는 경향

게슈탈트 법칙

| 유사성의 법칙 | 근접성의 법칙 | 완결성의 법칙 | 연속성의 법칙 |

레이아웃은 PART 2를 중심으로, 향후 책의 실습을 통해 내 것으로 만드는 연습을 하면 수월하게 배치할 수 있다.

2. 글꼴

PPT 디자인 요소 중 다른 하나는 글꼴이다. 앞선 페르소나 분석하기 단계에서 어떤 스타일의 글꼴을 사용해야 할지 어느 정도 감이 생겼을 것이다. 글꼴은 연령대와 성별의 영향을 많이 받는다. 왜냐하면 50대가 지나면 노안이 와 잘 안 보이기 때문이다. 여러분의 PPT를 보는 사람이 혹시 돋보기를 착용하거나 스마트폰 기본 글꼴이 크게 설정되어 있지는 않은지 사전에 확인할 필요가 있다. 연령과 성별, 개인 취향에 따라 선호 글꼴은 차이가 꽤 크다는 점을 유념하는 것이 좋다.

글꼴 비교

기본 글꼴로 무난한 것은 네이버 나눔스퀘어, 나눔고딕이다. 에스코어 드림이라는 글꼴

도 깔끔한 글꼴이라 추천한다. 아날로그 느낌 혹은 손 글씨 느낌을 연출하고 싶다면 네이버의 나눔명조나 마루부리 글꼴도 좋다. 네이버 나눔 글꼴 시리즈는 무료로 배포하고 있는 글꼴 중 가장 무난하게 사용할 수 있다. 기본 글꼴을 정해두고 비슷한 글꼴을 1~2개 정도 쓰는 건 괜찮지만, 3개 이상 다른 글꼴을 사용하면 오히려 산만해 보일 수 있으니 주의가 필요하다. 가급적 대표 글꼴을 설정한 후 굵기를 다르게 표현하는 것이 디자인 적으로 균형 있게 느껴진다.

상업용 무료 한글폰트 사이트 눈누 noonnu.cc

3. 색상

마지막으로 PPT를 구성하는 디자인 요소는 색상이다. 개인적으로 가장 배우기 어렵고 가르치기도 어려운 것이 바로 색상이다. 하지만 색에 대한 기본 개념을 익히고 보조 도구를 활용하면 보완할 수 있다. 일반적으로 PPT에서 배색할 때는 주조색, 보조색, 강조색 3가지로 나누어서 3색으로 배색한다고 생각하면 된다.

주조색: 전체의 70% 이상을 차지하는 색

보조색: 주조색 다음으로 넓은 공간을 차지하는 색 25% 정도

강조색: 디자인 대상에 포인트를 주어 신선한 느낌을 주는 색 5% 정도

색은 온도감에 따라 난색, 한색, 중성색으로 나뉜다. 난색은 저명도의 장파장 색인 빨강, 주황, 노랑을 말한다. 한색은 차가운 느낌의 색으로 고명도의 단파장 색을 말한다. 파란색 계열의 색상이 한색이라고 할 수 있다. 중성색은 중간 느낌의 색으로 연두, 자주, 보라 등이 해당된다. 고채도, 어두운 색, 차가운 색은 강한 느낌을 주기 때문에 포인트 컬러(강조색)로 사용하면 좋다. 그리고 난색, 고명도, 고채도, 유채색인 진출색은 확장되어 보이고 한색, 저명도, 저채도, 무채색인 후퇴색은 축소되어 보이는 효과가 있다. 통상적인 색상의 의미는 이렇다.

| 색의 의미

빨강	주황	노랑	초록	하늘	파랑
열정, 에너지, 행동 강점, 속도, 욕망	대담함, 모험심 강한 외향적인, 활기찬	창의성, 논리적인 지혜, 새로운 아이디어	생명력, 성장, 자연 일반적인, 독립	성실, 솔직함, 헌신	신뢰, 책임감, 권위 평화, 보수성

분홍	보라	갈색	검정	흰색	회색
사랑, 달콤함, 이해 풍부함, 순수, 희망	위엄, 독특함, 직관 인도주의, 미래	신뢰, 책임감, 권위 평화, 보수성	세련된, 보호, 권위 시작과 끝, 편안함	순수, 신뢰, 안전 평등, 완벽, 간결성	중립, 지식, 지혜 정제된, 통제된

빨강: 열정, 에너지, 행동, 강점, 속도, 욕망

주황: 대담함, 모험심이 강한, 외향적인, 활기찬

노랑: 창의성, 논리적인, 지혜, 새로운 아이디어

녹색: 생명력, 성장, 자연, 일반적인, 독립

분홍: 사랑, 달콤함, 이해, 풍부함, 순수, 희망

보라: 위엄, 독특함, 직관, 인도주의, 미래

파랑: 신뢰, 책임감, 권위, 평화, 보수성

갈색: 편안함, 견고함, 신뢰성, 실현 가능성

검정: 세련된, 보호, 권위, 시작과 끝, 편안함

흰색: 순수, 신뢰, 안전, 평등, 완벽, 간결성

회색: 중립, 지식, 지혜, 정제된, 통제된

색을 조합하는 방법은 기본적으로 3가지가 있다. 첫 번째로 인접색의 조화, 두 번째 반대색의 조화, 세 번째 근접 보색의 조화다. PPT에서는 최대 3색으로 조합하니, 3가지 경우만 살펴보도록 하자.

┃ 색 조합 방법

유사 조합: 동일한 색상으로 조합하여 통일된 감정 연출

보완 조합: 유사한 채도나 명도를 가진 색으로 조합하여 온화하고 상냥한 이미지 연출

3색 조합: 서로 다른 3색을 조합하여 화려하고 자극이 강하고 동적이며 생생한 이미지 연출

우리가 모두 색에 대한 감각이 뛰어난 것은 아니기에 '이런 방법으로 색을 조합하는 거구나' 정도로 알아만 두어도 괜찮다. PPT에 너무 많은 색을 넣어버리면 디자인적으로 산만해질 수 있기 때문이다. 그리고 배경색은 '배경'이기 때문에 튀지 않는 무채색을 사용하는 것이 좋다.

▎추천 PPT 배경색

그라데이션도 잘못 쓰면 무지개색 느낌이 나서 촌스러워지므로, 색에 대한 감각이 없다면 단색 사용을 추천한다.

▎PPT 색 사용 예시

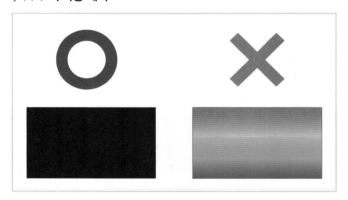

주제와 내용에 따라서 색 조합 스타일도 달라지면 좋다. 도저히 색에 대한 감각이 없고, 지금 당장 색을 조합해야 하는 상황이라고 한다면 아래의 사이트를 사용하면 된다. 사진으로 색상을 추출할 팔레트를 만들거나, 다른 사람이 만든 팔레트 색을 사용하는 방법이다. PPT 색 조합에 도움이 되는 사이트 세 곳을 소개한다.

어도비 컬러 CC (Adobe Color CC) color.adobe.com/ko/create

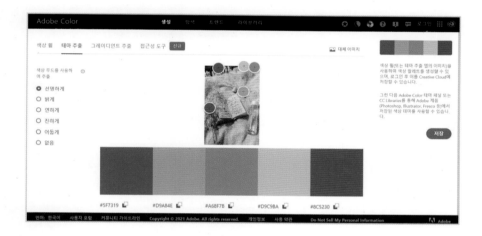

어도비 컬러 CC의 경우 사진을 업로드하면 색을 자동으로 추출하여 색 조합을 만들어주기 때문에 초보자에게 매우 적합하다. 내가 연출하고 싶은 분위기의 사진을 골라서 업로드하고, 추출된 색을 캡쳐한 후 파워포인트의 스포이트 기능을 이용해서 색 조합을 사용하면 된다.

컬러 헌트 (Colorhunt) colorhunt.co

컬러 헌트의 경우 다양한 색 조합을 모아 놓은 사이트다. 내가 원하는 느낌과 비슷한 색 조합을 골라서 클릭하면 색에 대한 자세한 정보를 볼 수 있다. 캡쳐하여 파워포인트 스포이트 기능을 이용해 색 조합을 사용하면 된다.

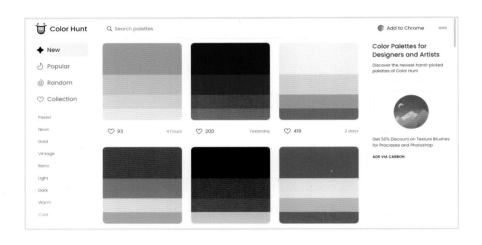

새별 블로그 "컬러 팔레트" blog.naver.com/seiru523

필자가 운영하는 블로그와 포스트의 다양한 PPT 색 조합 템플릿을 다운 받아서 편집하여
활용하는 것도 방법이다. 벤치마킹 하고 싶은 디자인을 찾아서 무드 보드를 만드는 것도 디
자인 컨셉을 정하는 데 도움이 된다. 무드 보드는 분위기를 한 장으로 표현하는 것을 말하는
데, 연출하고 싶은 분위기의 사진이나 색감을 수집해서 아래와 같이 정리하면 전체적인 PPT
분위기를 예상해볼 수 있다.

▎무드 보드 예시

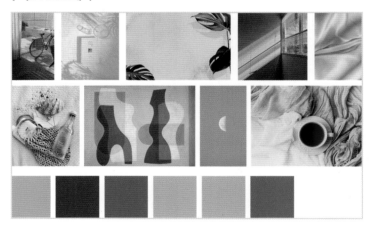

▎ 컬러 팔레트 예시

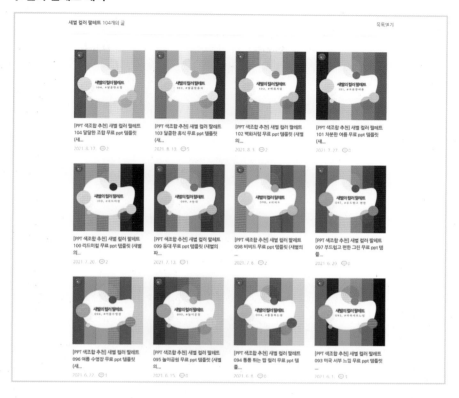

06 자료 표현 수단 세분화하기

디자인 컨셉까지 정했다면 다음은 가공된 자료를 어떻게 표현할 것인지 정해보자. PPT에 들어가는 자료는 일반적으로 아래와 같이 범주를 나눌 수 있다.

텍스트/키워드	표	그래프	다이어그램	흐름도
사진	동영상	픽토그램	인포그래픽	

대부분의 자료는 글이나 숫자, 통계 자료로 출발해서 PPT 자료로 가공된다. 이 중에서 어떤 표현 방법을 선택하느냐에 따라 전달 효과가 달라지곤 한다.

| PPT 내용 속성 분류

PPT 슬라이드 내용 속성에 따라서 크게 '보고/전달', '요약/흐름', '제안' 3가지로 분류가 가능하다. 보고와 전달이 목적이라면 텍스트, 표, 그래프 위주로 자료를 표현하면 좋다. 간단히 내용을 요약하여 설명하거나 전체적인 흐름을 표현하고 싶다면 다이어그램이나 흐름도처럼 도형으로 표현하는 것이 적절하다. 새로운 아이디어를 제안하거나 개선안을 밝히는 등 없던 것을 새로 표현할 때에는 사진이나 동영상, 픽토그램, 인포그래픽 등 다채로운 시각화 표현 방법을 써서 어떤 식으로 나타낼지 '상상'할 수 있도록 만드는 것이 좋다.

CHAPTER 2

PPT 기본 기능 200% 활용하기

01 **복제 기능으로 다이어그램 쉽게 만들기**

일반적으로 [Ctrl]+[C]가 복사, [Ctrl]+[V]가 붙여 넣기라는 건 잘 알고 있을 것이다. 키보드의 [Ctrl]+[D]를 누르면 도형의 서식과 위치 값이 복사된다. 한 번 실습해보자.

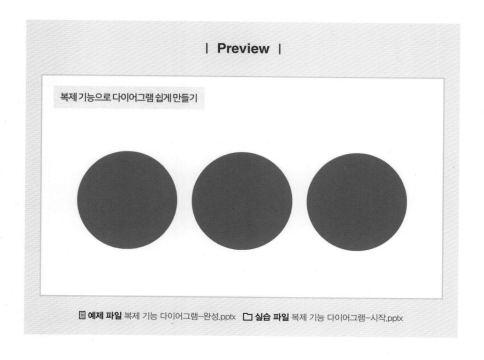

| Preview |

복제 기능으로 다이어그램 쉽게 만들기

📄 **예제 파일** 복제 기능 다이어그램-완성.pptx   📂 **실습 파일** 복제 기능 다이어그램-시작.pptx

만드는 법

1 [빈 화면 슬라이드] – [삽입] 탭 –
[일러스트레이션] 그룹에서 [도형]
을 선택하여 [기본 도형]에서 [타원]
을 클릭한 후 Shift 키를 누르면서
드래그하여 [정원]을 삽입한다.

> **☀ 새별이 알려주는 꿀팁!**
>
> Shift 키를 누르면서 도형을 삽입하면 도형의 비율이 1:1로 유지된다.

2 [정원]을 클릭하여 Ctrl + D 를 누
른다.

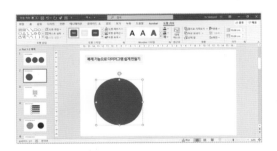

3 새로 만들어진 [정원]을 드래그하여
원하는 위치에 놓는다. (마우스를 떼
지 말고 한번에 놓아야 위치 값이 제대
로 저장된다.)

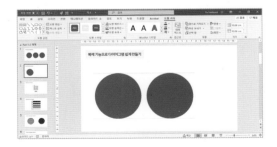

4 다시 `Ctrl`+`D`를 누르면 첫 번째, 두 번째 원과 동일한 거리 값으로 새로운 원이 복사된다.

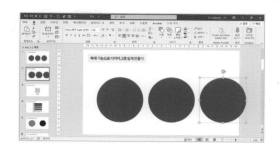

과정 **4**처럼 도형이 슬라이드 크기를 넘어섰을 때는 마우스로 드래그하여 도형을 다중 선택하고, `Ctrl`+`G`로 그룹화하여 1개의 도형으로 만든 다음 `Shift` 키를 누르면서 마우스로 크기를 줄이면 된다.

이번에는 앞서 배운 Ctrl+D라는 복제 기능의 단축키와 더불어 그룹화를 시켜주는 Ctrl +G 키를 활용하여 간단한 인포그래픽을 만들어보자.

| Preview |

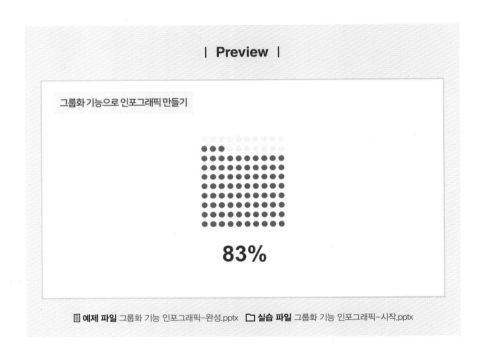

만드는 법

1   [빈 화면 슬라이드] – [삽입] 탭 –
    [일러스트레이션] 그룹 – [도형]을
    선택하여 [기본 도형]에 있는 [타원]
    을 클릭한다.

2   **Shift** 키를 누르면서 작은 [정원]을
    삽입한다.

3   삽입한 원을 **Ctrl**+**D**를 눌러 복사
    한 후, 총 10개의 원을 삽입한다.

4   10개의 원을 드래그하여 동시 선택
    한 후 **Ctrl**+**G**를 눌러 1개의 도형
    으로 만든다.

5 1개의 도형이 된 10개의 원을 선택
한 상태에서 `Ctrl`+`D`를 눌러 아래
쪽으로 복사해준다.

6 `Ctrl`+`D`를 반복적으로 눌러 총
100개의 원을 만든다.

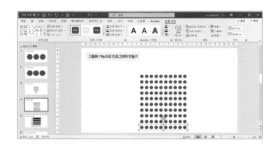

7 83%라는 숫자를 나타낸다고 가정
하고, 나머지에 해당하는 원 17개의
색상을 바꿔준다.

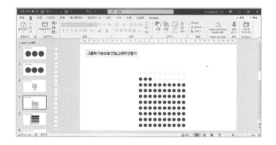

※ 새별이 알려주는 꿀팁!

도형을 선택하면 [도형 서식] 탭이 나타난다. [도형 스타일] 그룹에서 [도형 채우기]를 누르면 도형
색상을 변경할 수 있다.

8 [삽입] 탭 – [텍스트] 그룹에서 [텍스트 상자] – [가로 텍스트 상자]를 선택하여 삽입 후 '83%'를 입력하면 된다.

☀ **새별이 알려주는 꿀팁!**

도형 편집이 원활하게 되지 않는다면 그룹화를 해제하면 된다. `Ctrl`+`Shift`+`G` 키를 누르면 그룹화가 해제된다.

PPT 기본 메뉴에 '스마트아트'라는 기능이 있는 것을 아는가? 스마트아트를 잘 편집해서 사용하면 다이어그램 만들기가 쉬워진다. 또한 그룹화 해제를 하면 자유자재로 편집할 수 있게 된다.

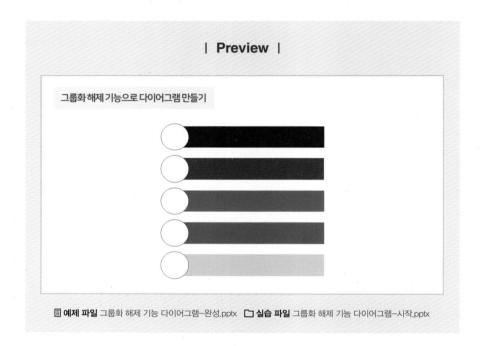

| Preview |

그룹화 해제 기능으로 다이어그램 만들기

📋 **예제 파일** 그룹화 해제 기능 다이어그램-완성.pptx 📂 **실습 파일** 그룹화 해제 기능 다이어그램-시작.pptx

1 [빈 화면 슬라이드] – [삽입] 탭 –
   [일러스트레이션] 그룹의 [SmartArt]
   를 클릭한 후, 세로 곡선 목록형을
   선택한다.

2 Ctrl + Shift + G 를 눌러 그룹화를
   해제한다. 도형이 1개씩 편집 가능
   해질 때까지 반복해서 눌러준다.

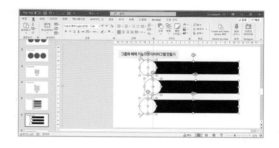

3 사용하지 않는 도형인 호를 지워준
   다. Delete 키를 누르면 지워진다.

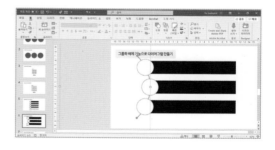

4 원을 왼쪽으로 정렬한 후 5개의 목
   록형으로 만들어보자. 먼저 왼쪽에
   있는 3개의 원을 드래그하여 선택
   한 후 [홈] – [그리기] 그룹 – [정렬]
   – [개체 위치] – [맞춤] – [왼쪽 맞
   춤]으로 한 번에 정렬한다.

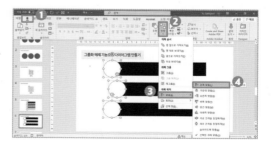

5 맨 아래에 있는 원과 사각형을 드래 그하여 동시 선택한 후 `Ctrl`+`G`를 눌러 1개의 도형으로 만든다.

6 `Ctrl`+`D`를 두 번 눌러서 복제하여 총 5개의 목록형 도형을 만든다.

7 도형을 드래그하여 선택한 후 `Ctrl` +`G`로 하나의 도형으로 만들어준 다음, `Shift` 키를 눌러 크기를 줄이 면서 슬라이드 안에 다 들어갈 수 있도록 한다.

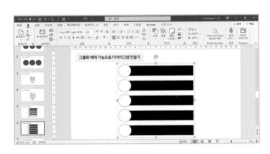

8 `Ctrl`+`Shift`+`G`를 눌러 도형 그룹 화를 해제하고 [도형 스타일] 사각형 을 클릭한다. [도형 서식] 탭 – [도 형 스타일] 그룹에서 [도형 채우기] 를 눌러 색상을 변경한다. 같은 방 법으로 나머지 도형 색도 바꿔준다.

04 기본 도형으로 지정해서 깔끔한 스타일 유지하기

일반적으로 PPT에서 도형을 삽입하면 윤곽선이 있는 서식으로 삽입이 된다. 사실 윤곽선이 없는 도형이 훨씬 깔끔하다. 이를 플랫 디자인이라고 부르기도 하는데, 윤곽선이 없는 형태의 깔끔한 색상으로 된 도형을 기본 도형으로 지정해서 작업해보자.

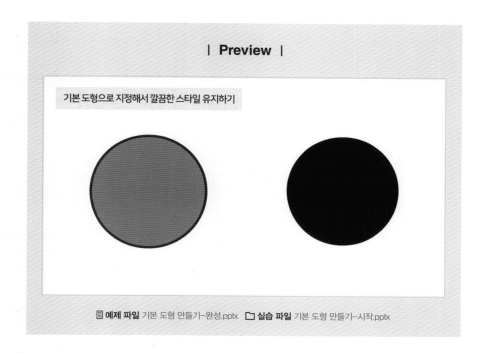

| Preview |

기본 도형으로 지정해서 깔끔한 스타일 유지하기

📄 **예제 파일** 기본 도형 만들기-완성.pptx 📁 **실습 파일** 기본 도형 만들기-시작.pptx

만드는 법

1   [빈 화면 슬라이드] – [삽입] 탭 –
    [일러스트레이션] 그룹 – [도형]을
    선택하고 [기본 도형] – [타원]을 삽
    입한다.

2   도형을 선택한 후 [도형 서식] 탭에
    서 – [도형 스타일] 그룹 – [도형 채
    우기]를 선택하여 색상을 [파란색]
    으로 변경한다.

3   [도형 서식] 탭 – [도형 스타일] 그룹
    – [도형 윤곽선]을 선택한 후 [윤곽
    선 없음]을 눌러 윤곽선을 없앤다.

4   마우스 오른쪽 버튼을 클릭하여 [기
    본 도형으로 지정]을 누른다.

5   [삽입] 탭 – [일러스트레이션] 그룹
    – [도형]을 선택하고 [기본 도형] –
    [이등변 삼각형]을 삽입한다.

6   기본 도형으로 지정한 서식이 그대
    로 적용된 걸 볼 수 있다.

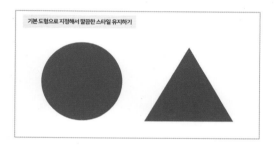

'기본 도형으로 지정' 기능도 유용하지만 때로는 '서식 복사/붙여 넣기' 기능을 활용하여 디자인의 통일성을 줄 수도 있다. 먼저 서식 복사/붙여 넣기 단축키를 활용하면 좋은데, 복사 단축키는 Ctrl + C , 붙여 넣기 단축키는 Ctrl + V 인걸 기억하는가? 여기에 각각 Shift 키만 추가해서 단축키를 눌러주면 서식 복사/붙여 넣기 단축키가 된다. Shift에 변화라는 뜻이 있다고 기억하면 단축키를 외우기가 더 쉬워진다.

서식 복사 단축키: Ctrl + Shift + C
서식 붙여 넣기 단축키: Ctrl + Shift + V

| Preview |

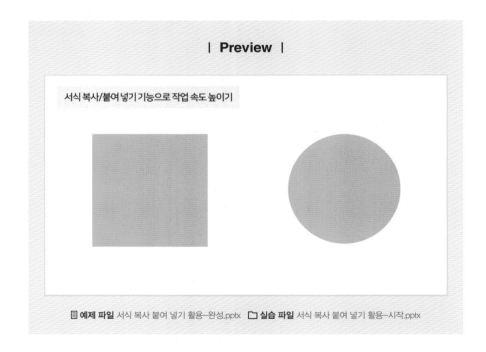

📄 **예제 파일** 서식 복사 붙여 넣기 활용-완성.pptx   📁 **실습 파일** 서식 복사 붙여 넣기 활용-시작.pptx

만드는 법

1. [빈 화면 슬라이드] – [삽입] 탭 –
[일러스트레이션] 그룹 – [도형]을
선택하고 [사각형] 그룹 – [직사각
형]을 삽입한다.

2. [직사각형]을 선택한 상태에서 [도
형 서식] 탭 – [도형 스타일] 그룹
[도형 채우기]를 눌러 [표준색] –
[주황]을 선택한다.

3. [삽입] 탭 – [일러스트레이션] 그룹
– [도형]을 선택하고 [기본 도형] –
[타원]을 삽입한다.

4. [직사각형]을 선택하여 서식 복사
단축키 Ctrl + Shift + C 를 누른다.

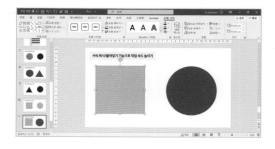

5 [타원]을 선택하여 서식 붙여 넣기
  단축키 Ctrl + Shift + V 를 누르면
  노란색으로 색이 변경된 걸 볼 수
  있다.

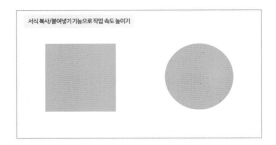

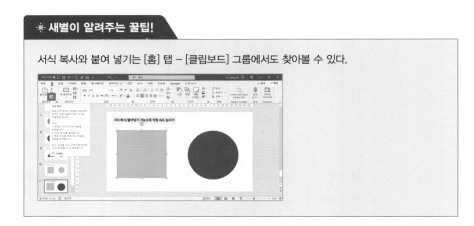

☀ 새별이 알려주는 꿀팁!

서식 복사와 붙여 넣기는 [홈] 탭 – [클립보드] 그룹에서도 찾아볼 수 있다.

06 슬라이드 마스터에서 크기 변경하기

이번에는 슬라이드 마스터 메뉴에서 슬라이드 크기를 변경해보도록 하겠다. 슬라이드 마스터 메뉴에 진입하지 않고 [디자인] 탭 – [사용자 지정] 그룹에서도 슬라이드 크기를 변경할 수 있다. 파워포인트는 같은 역할을 하는 기능이 여러 메뉴로 나누어져 있다는 점을 알고, 슬라이드 마스터라는 개념을 소개하기 위해 슬라이드 마스터에서 크기 변경하는 방법을 익혀보겠다.

슬라이드 마스터란?

슬라이드 마스터는 일종에 정해진 틀이라고 보면 된다. 슬라이드에 나타나는 콘텐츠 서식, 위치, 텍스트 상자가 포함되어 있다. 슬라이드 마스터에 적용한 서식을 슬라이드가 종속 받는다고 이해하면 된다. 예를 들어서 파워포인트에 워터마크를 새기고 싶다면 슬라이드 마스터에서 작업하면 된다. 포토샵을 배워본 분은 좀 더 이해가 쉬울 것이다. 레이어의 가장 하단에 있는 것이 슬라이드 마스터라고 생각하면 된다.

만드는 법

1 [보기] 탭 – [마스터 보기] 그룹 [슬
라이드 마스터] 선택하여 슬라이드
마스터 메뉴로 진입한다.

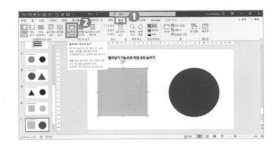

2 [슬라이드 마스터] 탭 – [크기] 그룹
– [슬라이드 크기] – [사용자 지정
슬라이드 크기]를 선정하여 크기를
A4용지로 변경한다.

3 너비와 높이가 실제 A4용지보다
여백이 있게 설정되어 있다. 너비
[29.7cm], 높이 [21cm]를 입력한
후 확인 버튼을 클릭한다.

4 [슬라이드 마스터] 탭 – [닫기] 그룹
[마스터 보기 닫기] 버튼을 누르면
편집 화면으로 돌아갈 수 있다.

✳ 새별이 알려주는 꿀팁!

슬라이드 크기를 변경하면 디자인 설정이 전부 기본 설정으로 돌아가게 된다. 이를 방지하려면 사이즈 변경 전에 미리 테마를 저장해두면 좋다. 테마를 저장하는 방법은 [슬라이드 마스터] 탭 – [테마 편집] 그룹 – [테마]를 선택한 후 [현재 테마 저장] 버튼을 누르면 테마가 저장된다. 크기를 변경한 후 다시 [슬라이드 마스터] 탭 [테마 편집] 그룹 – [테마]를 선택한 후 [테마 찾아보기] 버튼을 클릭하여 저장한 테마를 불러오면 색상과 글꼴을 비롯한 슬라이드 마스터 레이아웃 설정이 그대로 적용된다.

이번에는 슬라이드 마스터에서 기본 글꼴을 변경해볼 예정이다. 기본적으로 파워포인트에서 새로운 파일을 만들면 '맑은 고딕'이 기본 글꼴로 지정되어 있다. 맑은 고딕은 여백이 많은 글꼴이라 아무래도 PPT 내용에 집중도가 떨어지는 글꼴이기도 하다. 슬라이드 마스터 메뉴에서 기본 글꼴을 네이버 나눔스퀘어로 바꿔보도록 하겠다.

만드는 법

1   [보기] 탭 – [마스터 보기] 그룹 – [슬라이드 마스터] 선택하여 슬라이드 마스터 메뉴로 진입한다.

2   [슬라이드 마스터] 탭 – [배경] 그룹 [글꼴] – [글꼴 사용자 지정]을 누른다.

❋ 새별이 알려주는 꿀팁!

파워포인트에는 제목 글꼴과 본문 글꼴 설정이 있다. 제목 글꼴은 슬라이드 마스터에서 제목 개체
틀로 지정된 것을 말하고, 본문 글꼴은 기본적으로 지정된 텍스트라고 보면 된다. [삽입] 탭에서
텍스트 상자를 삽입하면 입력했을 때 설정된 서식이 바로 본문 글꼴이다.

3 영어 글꼴과 한글 글꼴을 각각 네이
버 나눔스퀘어로 바꿔준다.

4 [슬라이드 마스터] 탭 – [닫기] 그룹
[마스터 보기 닫기] 버튼을 누르면
편집 화면으로 돌아갈 수 있다.

5 기본 글꼴로 설정이 되었는지 확인하
기 위해 텍스트 상자를 삽입해보자.
[삽입] 탭 – [텍스트] 그룹 – [텍스
트 상자] – [가로 텍스트 상자 그리
기]를 눌러 텍스트 상자를 삽입한다.
글꼴이 변경된 걸 확인할 수 있다.

08 슬라이드 마스터에서 색 조합 변경하기

　　이번에는 슬라이드 마스터에서 색 조합을 바꿔보도록 하겠다. 슬라이드 크기 변경과 마찬가지로 슬라이드 마스터가 아니라 슬라이스 쇼 편집 화면 [디자인] 탭에서도 변경이 가능하다. 파워포인트 기본 색상 조합으로 작업을 하게 되면 촌스러운 느낌이 많이 들기 때문에 깔끔한 색 조합으로 바꿔보자.

만드는 법

1　[보기] 탭 – [마스터 보기] 그룹 – [슬라이드 마스터] 선택하여 슬라이드 마스터 메뉴로 진입한다.

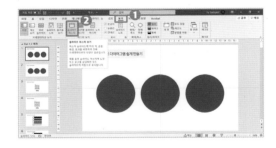

2　[슬라이드 마스터] 탭 – [배경] 그룹 – [색]을 클릭한다.

3 색을 [따뜻한 파란색]으로 바꿔보 겠다.

4 [슬라이드 마스터] 탭 – [닫기] 그룹 [마스터 보기 닫기] 버튼을 눌러, 편집 화면으로 돌아가서 변경된 색 조합을 확인한다.

5 아래와 같이 색이 바뀐 것을 확인할 수 있다.

이번에는 작업 속도를 높여주는 나만의 단축키를 만들어보자. 파워포인트에 기본 내장된 단축키를 외우는 것도 방법이지만, 자주 사용하는 기능을 단축키로 만들 수 있다. 옵션에서 설정을 변경하여 나만의 단축키를 만들어보자.

만드는 법

1   [파일] 탭 – [더 보기...] – [옵션]을 선택한다.

2   [빠른 실행 도구 모음] – [명령 선택] 목록 – [모든 명령]을 선택한 후 원하는 기능을 [추가] 버튼을 눌러 추가한 뒤 [확인] 버튼을 누른다. 예시에서는 [정렬] 기능을 새로운 빠른 실행 도구로 추가했다.

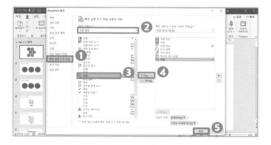

3 **Alt** 키를 누르면 아래 그림처럼 숫
자와 알파벳이 나타난다. 새로 추가
한 [정렬]의 단축키는 **Alt**+**7**이라
는 걸 알 수 있다.

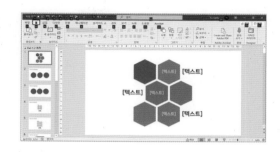

4 **Alt**+**7**을 눌러 제대로 단축키가
적용되었는지 확인해보자. 기능이
바로 적용된 것을 확인할 수 있다.

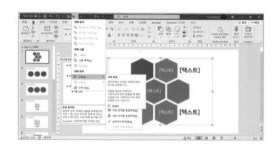

PART 2

2단계
글 다듬고
내용 배치하기

PART 2에서는 레이아웃과 가장 연관이 깊은 내용 배치와 내용 정리에 대해서 다룰 것이다. PPT의 깔끔함을 좌지우지하는 내용이기에 평소 내용 정리를 잘 못 하거나 산만하다는 피드백을 받은 적이 있다면 정독해보자. CHAPTER 1에서는 가독성을 높이는 텍스트 정리하기 방법에 대해서 배우고, CHAPTER 2에서는 사례를 통해서 어떻게 하면 깔끔한 PPT로 탈바꿈할 수 있을지에 대하여 다룰 것이다.

CHAPTER 1 | 텍스트 정리하기

01 한 슬라이드에 내용 3가지로 정리하기

인지심리학에 따르면 사람이 한 번에 기억할 수 있는 최대의 정보는 일반적으로 3가지라고 한다. 파워포인트에도 동일한 규칙을 적용해서 한 슬라이드에는 내용을 최대 3가지로 정리를 하는 것이 바람직하다. 레이아웃 측면에서도 사진 3분할 구도처럼, 3가지로 정리하는 것이 안정감이 있다.

▎사진 3분할 구도

사진에서 3분할 구도는 사진 프레임을 가로 세로 각각 3등분하여 가로 세로가 교차하는 4개의 점을 기점으로 주요 피사체를 왼쪽 또는 오른쪽에 배치하고, 나머지 부분에는 여백을 주는 것을 말한다. 이렇게 하면 사진이 전체적으로 안정감이 있어 보인다. 파워포인트에도

이 방법을 활용하면 적절한 여백이 생겨서 슬라이드에 담긴 내용에 훨씬 더 집중이 잘 된다.

파워포인트 3분할 구도

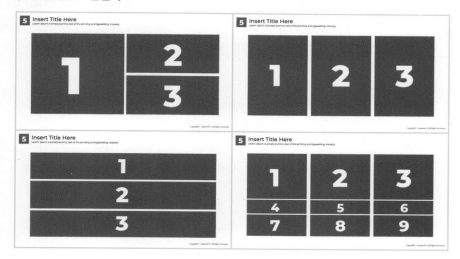

3가지로 내용을 정리할 때는 앞서 배웠던 골든 서클 개념과 동일하게 정리를 하는 방법도 있다.

WHY?	왜 이 메시지를 전달하고자 하는가?
HOW?	어떻게 전달할 것인가?
WHAT?	무엇을 전달할 것인가?

3가지 요소로 정리하면 아래와 같이 깔끔한 레이아웃으로 표현이 가능하다.

3가지 요소로 정리된 PPT

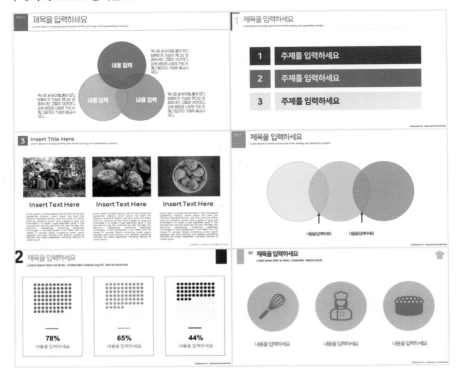

02 1~2개의 글꼴 사용하기

PPT를 만들다 보면 마음에 드는 글꼴 3~4개를 고르는 경우가 있다. 하지만 기본 글꼴 1개, 강조 글꼴 1개 정도로 생각하고 작업하면 좋다. 글꼴이 많아지면 통일성이 떨어지게 되어 오히려 전달력이 떨어질 수 있다. 글꼴 종류는 크게 2가지가 있는데, 세리프체와 산세리프체가 바로 그것이다. 세리프체는 명조체와 같이 곡선이 있고 끝이 꺾이는 글꼴을 말하고, 산세리프체는 끝이 각진 글꼴을 말한다.

세리프체 VS 산세리프체

세리프체	산세리프체
네이버 나눔명조 네이버 마루부리	네이버 나눔스퀘어 네이버 나눔고딕

일반적으로 파워포인트의 글꼴을 고를 때에는 산세리프체에 해당하는 고딕체를 고르는 것이 좋다. 일반적으로 명조체는 신문이나 책처럼 인쇄물에 대중적으로 사용이 된다. 고딕체는 웹 상에서 많이 찾아볼 수 있다. 최근에는 고딕체를 사용한 책이나 명조체를 사용하는 웹 페이지가 있을 정도로 경계가 많이 무너지긴 했지만, 여전히 파워포인트 문서에는 고딕체가 가장 무난한 글꼴이다. 기본 글꼴을 정하고 굵기는 강약을 조절하면 된다. 좀 더 포인트를 주고 싶다면 기본 글꼴을 1개 고르고 강조 글꼴은 유사한 글꼴로 1개 정도 더 골라서 작업하면 된다.

기본 글꼴 VS 강조 글꼴

기본 글꼴	강조 글꼴
네이버 나눔스퀘어 에스코어 드림	G마켓 산스 카페24 당당해

파워포인트에 적당한 글꼴 크기는 무엇일까? PPT를 보는 대상의 연령대에 따라, PPT를 개개인이 자료로 보는지 등 상황에 따라 적절한 글꼴 크기가 달라진다. 가령 인쇄물로 PPT를 배포하는 경우, 컴퓨터 화면으로 자료를 보는 경우, 모바일로 보는 경우, 온라인 강의에서 PPT 화면을 띄워놓는 경우 등 다양한 상황이 있을 수 있다. 따라서, 연령과 상황을 고려하여 PPT 글씨 크기를 조율하는 것이 가장 좋다. 요즘 들어서 점점 글씨 크기가 작아지는 추세를 보이고 있는데, 이는 모바일 기기로 확대해서 볼 수 있는 현 상황을 반영한다고 볼 수 있다. 누가 PPT를 어떤 매체로 보는지 고려하여 제작하는 것이 가장 적절할 것이다.

▎통상적인 PPT 글씨 크기

제목을 입력하세요 (44pt)

소제목을 입력하세요 (32pt)

내용을 입력하세요 (24pt)
내용을 입력하세요 (24pt)
내용을 입력하세요 (24pt)
내용을 입력하세요 (24pt)
내용을 입력하세요 (24pt)

03   왼쪽 정렬 또는 양쪽 정렬로 안정감 주기

    일반적으로 정렬하는 방법은 왼쪽 정렬, 가운데 정렬, 오른쪽 정렬, 양쪽 정렬이 있다. 앞서 레이아웃을 설명하면서 언급했던 두뇌의 무의식적 패턴화 경향 때문에, 양쪽 정렬이 가장 안정감 있어 보인다. 그 다음으로 안정된 느낌을 주는 것은 왼쪽 정렬이다. 이 규칙을 잘 기억해 두었다가 PPT 만들 때 그대로 적용하면 된다.

｜ 왼쪽 정렬 또는 양쪽 정렬로 안정감 주기

04   글꼴 스타일에 따라 자간 조율하기

    파워포인트 기본 글꼴은 '맑은 고딕'으로 되어 있다. 맑은 고딕 글꼴을 살펴보면 다른 글꼴에 비해 여백이 굉장히 많은 편이다. 그렇기 때문에 자간의 간격을 줄이는 게 훨씬 더 깔끔해 보인다. 자간 간격을 넓히는 게 보기 편한 글꼴도 있고, 자간 간격을 좁히는 게 보기 편한 글꼴도 있다. 맑은 고딕과 나눔스퀘어 글꼴을 비교한 이미지를 한 번 보면 이해가 될 것이다.

| 맑은 고딕 VS 나눔스퀘어

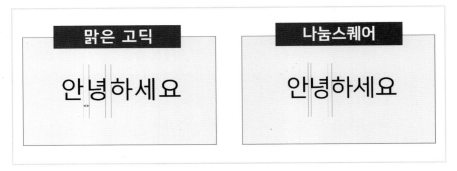

　　위의 그림을 보면, '맑은 고딕'의 경우, 글자와 글자 사이의 간격이 '나눔스퀘어'의 거의 2배라는 걸 알 수 있다. 그렇기 때문에 맑은 고딕을 좁고 굵게 설정을 바꾸면 전에 비해 깔끔하다는 느낌을 받을 수 있다.

| 맑은 고딕 좁고 굵게

맑은 고딕으로 제목을 입력해보았습니다

맑은 고딕으로 제목을 입력해보았습니다

　　PPT 디자인 스타일에 따라서는 자간 간격을 넓게 하는 것이 좋을 수도 있다. 어떤 글꼴 스타일이 좋을지 판단이 잘 서지 않을 때는, '네이버 나눔스퀘어, 약간 좁게' 설정을 기본으로 해두자. 가장 무난한 글꼴 설정이다.

05 보기 편할 정도로 행간 넓히기

글이 얼마나 쉽게 읽히는가를 나타내는 가독성은 글꼴, 자간, 행간, 띄어쓰기에 따라 결정된다. 행간은 텍스트에서 윗줄의 기준선과 아랫줄의 기준선 사이의 수직 간격의 양을 일컫는 말이다. 기본적으로 파워포인트 행간은 1.0으로 설정되어 있다. 그런데, 보고서를 한글 문서로 작성할 때 행간이 160% 기본값으로 설정되어 있는 것을 감안하면, 파워포인트도 행간을 조절하는 게 좋다는 걸 직감적으로 알 수 있다. 가급적 1.2이상으로 행간을 넓히는 게 보기 편하다. 행간에 따라서 얼마나 가독성이 달라지는 지 한번 비교해보도록 하자.

| 행간에 따른 가독성 비교

행간이 1.0일 때입니다.
행간이 1.0일 때입니다.
행간이 1.0일 때입니다.
행간이 1.0일 때입니다.
행간이 1.0일 때입니다.

행간이 1.2일 때입니다.
행간이 1.2일 때입니다.
행간이 1.2일 때입니다.
행간이 1.2일 때입니다.
행간이 1.2일 때입니다.

행간이 1.5일 때입니다.
행간이 1.5일 때입니다.
행간이 1.5일 때입니다.
행간이 1.5일 때입니다.
행간이 1.5일 때입니다.

행간을 1.2~1.6 정도로 설정을 바꿔서 작업하기만 해도 훨씬 가독성이 좋은 문서가 된다.

CHAPTER 2 | 레이아웃 다듬기

01 같은 내용은 같은 크기로 정리하기

　　PPT 문서를 작성할 때, 가장 흔히 하는 실수는 내용을 정리하기 전에 PPT 문서를 만드는 일이다. '중요한 내용은 글꼴 크게, 굵게, 밑줄을 치면 되겠지?'라는 생각으로 만들면 Before 와 같은 결과물이 나온다. 2021년 출판 업계 동향 중 중요한 것은 에세이 도서, 구독 서비스, 오디오북의 인기가 많다는 점이다. 종이책 시장 매출이 10년 전에 비해 절반으로 감소한다는 기사 내용을 읽었기에 이렇게 만들게 되었다. 그런데 보는 사람 입장에서 이 문서는 알기 어렵고 통일성도 없다. 일반적으로 사람이 한 번에 기억할 수 있는 정보는 3가지이므로, 중요한 부분만 발췌해 3가지로 정리하고 레이아웃도 변경해보자.

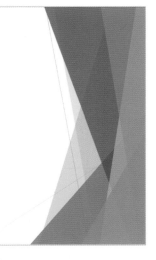

　　📋 **예제 파일** 2021 출판 업계 동향–Before–완성.pptx

2021 출판업계 동향

1 전자책 구독 서비스 인기

2 마음챙김, 힐링 도서 인기

3 오디오북 이용자 증가

Part 1.

📑 **예제 파일** 2021 출판 업계 동향-After-완성.pptx   ▭ **실습 파일** 2021 출판 업계 동향-After-시작.pptx

종이책의 매출 감소는 2021년 만의 특징이 아니므로 제외하고, 전자책 구독 서비스 인기, 마음챙김, 힐링 도서 인기, 오디오북 이용자 증가 3가지 내용을 2021년의 동향 중 핵심 내용으로 정리했다. 그런 다음 숫자와 텍스트로 내용을 정리하는 식으로 레이아웃을 재구성했다. 숫자 부분은 정사각형을 삽입하고 색을 달리하여 강조하였고, 내용 부분은 세로 길이는 같지만 너비가 넓은 사각형을 넣어서 하나로 묶는 연출을 했다.

만드는 법

1   [빈 화면 슬라이드] – [삽입] 탭 – [일러스트레이션] 그룹 – [도형]을 선택하여 [직사각형]을 누른 후, **Shift** 키를 누르면서 정사각형을 삽입한다.

2   [마우스 오른쪽 버튼] – [도형 서식] 메뉴를 클릭하면 우측에서 도형 서식 설정에 관한 메뉴가 나온다.

3   채우기 색을 [강조1]로 하고, [선] – [윤곽선 없음]을 클릭하여 윤곽선을 없앤다. [정사각형] 도형을 선택한 상태에서 **Ctrl**+**C**, **Ctrl**+**V**를 눌러 도형을 복사한다.

4 [마우스 오른쪽 버튼] – [도형 서식] 메뉴에 진입하고, 도형 채우기 색을 [흰색, 배경1, 어둡게 5%]로 변경한다. 너비는 [20cm]로 한다. [도형 서식] 탭 – [크기] 그룹에서도 너비를 변경할 수 있다.

5 텍스트 상자를 삽입해보자. [삽입] 탭 – [텍스트] 그룹 – [텍스트 상자] – [가로 텍스트 상자 그리기]를 선택하여 숫자 1을 입력한다. 이때 글꼴은 [Montserrat, 굵게, 60pt]로 한다. 내용 텍스트 상자 글꼴은 [나눔스퀘어 ExtraBold, 36pt]로 한다.

6 삽입한 도형과 텍스트 상자를 드래그하여 동시 선택한 다음 `Ctrl`+`G`를 눌러 하나의 개체로 그룹화한다. 개체 복사 단축키 `Ctrl`+`D`를 눌러 복사한 다음 내용을 수정하면 완성된다.

02 정렬 기능으로 간격 동일하게 맞추기

📋 **예제 파일** 마음챙김 도서 인기–Before–완성.pptx

한 슬라이드에 여러 개의 사진을 삽입하는 경우, 사진 크기가 다르고 비율도 다른 경우가 많아서 Before와 같은 결과물이 나온다. 이렇게 되면 사진들이 정돈된 느낌이 들지 않아 산만한 느낌이 나고, 내용에 대한 무게감도 떨어져 보일 수 있다. 자르기 기능을 이용해서 같은 크기로 자르고 배열하는 방법을 추천한다.

📑 **예제 파일** 마음챙김 도서 인기-After-완성.pptx 📁 **실습 파일** 마음챙김 도서 인기-After-시작.pptx/그림1~6.jpg

만드는 법

1 사진을 삽입하고 사진 개체를 클릭하면 [도형 서식] 탭이 나타난다.

2 [도형 서식] 탭 우측 [크기] 그룹에 [자르기]라는 메뉴가 있다.

3 [자르기] 메뉴를 클릭하면 [가로 세로 비율]이라는 메뉴가 있다. 위의 예제처럼 6개의 사진을 넣는 경우 [4:3] 비율로 사진을 자르고 크기를 맞춰주는 게 좋다. 이때 사진 크기를 변경하면서 원래 사진의 비율을 깨트리고 싶지 않다면 Shift 키를 누른 상태에서 마우스로 드래그하여 크기를 조율하면 된다.

4 동일한 크기로 사진을 잘랐다면, 이번에는 정렬하여 깔끔함을 더하면 된다. 먼저 맨 윗

줄에 있는 사진 3개를 드래그하여 동시 선택한 상태에서 [셰이프 형식] – [정렬] 그룹 – [맞춤] – [위쪽 맞춤]을 눌러 사진을 위쪽으로 맞춘다.

5   그런 다음 다시 [셰이프 형식] – [정렬] 그룹 – [맞춤] – [가로 간격을 동일하게]를 눌러 준다.

6   마찬가지로 아랫줄에 있는 사진 3개를 드래그하여 동시 선택한 다음 [셰이프 형식] – [정렬] 그룹 – [맞춤] – [아래쪽 맞춤]을 눌러 사진을 맞추고, [셰이프 형식] – [정렬] 그룹 – [맞춤] – [가로 간격을 동일하게]를 클릭하여 간격을 맞춘다. 위아래 사진 간격과 양옆 사진 간격이 맞을 수 있도록 맞춤 메뉴를 활용하여 십자선처럼 맞춰주는 것이 포인트다.

03   복잡해 보이는 요소는 빼거나 슬라이드 분할하기

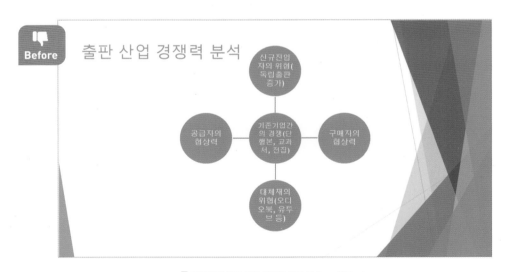

📑 **예제 파일** 출판 산업 경쟁력 분석–Before–완성.pptx

PPT를 만들다 보면 다양한 그래픽이 포함된 템플릿을 다운로드 받아서 사용하게 된다. 하지만 내용에 따라서 화려한 그래픽은 적합하지 않을 수 있다. 그 이유는 그래픽만 남고 그 안에 담긴 내용은 기억에 남지 않을 수 있기 때문이다. 또 모형의 그림을 그대로 PPT에 적용하는 경우, 상대방이 모형에 대한 사전 지식이 없다면 내용 전달이 제대로 되지 않을 수 있다.

PPT를 만들 때에는 항상 처음 보는 초등학교 고학년 학생도 이해할 수 있게 만든다는 생각으로 작업해야 좋은 결과물이 나온다. Before의 경우 텍스트 길이가 있고 하위 항목도 있는 내용이므로, 모형에 맞춰서 내용을 넣기 보다는 새로운 도형을 만들어서 표현하는 방법을 채택하는 것이 더 좋다.

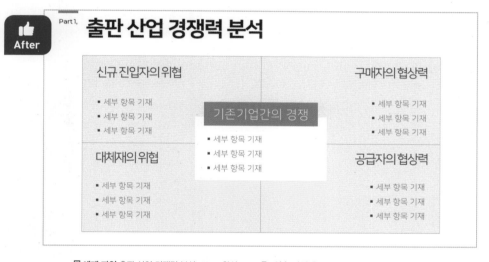

📖 **예제 파일** 출판 산업 경쟁력 분석-After-완성.pptx　📂 **실습 파일** 출판 산업 경쟁력 분석-After-시작.pptx

출판 산업 경쟁력 분석에는 5가지 경쟁 요인이 있고, 그에 따른 세부 항목을 분석하는 내용이다. 중심 축이 되는 기존 기업간의 경쟁 그리고 신규 진입자의 위협, 구매자의 협상력, 공급자의 협상력, 대체재의 위협이 구성 요소이므로 4개 도형을 모눈종이처럼 나눈 다음, 가운데에 핵심 내용을 배치하는 레이아웃으로 구성했다. 원보다는 사각형이 훨씬 더 깔끔한 인상을 주고 선으로 도형과 도형을 잇는 것보다는 얇은 선으로 구분하는 것이 훨씬 응집력이 있다.

1 [빈 화면 슬라이드] – [삽입] 탭 – [일러스트레이션] 그룹 – [도형]에서 [직사각형]을 선택하여 삽입한다.

2 [마우스 오른쪽 버튼] – [도형 서식] – [단색 채우기] 메뉴 – [색] – [흰색, 배경1, 5% 더 어둡게]를 눌러 색을 변경한다.

3 [선] – [실선] – [색] – [흰색, 배경1, 35%어둡게]를 선택한다. 굵기는 [1pt]로 한다. 그런 다음 **Ctrl**+**D**를 눌러 도형을 복사하여 도형 4개를 만든다.

4 [삽입] 탭 – [일러스트레이션] 그룹 – [도형]에서 [직사각형]을 선택하여 삽입하고 [도형 서식] – [단색 채우기] 메뉴에서 [색] – [흰색]을 눌러서 색을 변경해준 후, [선] – [윤곽선 없음]을 눌러서 가운데에 배치한다.

5 제목이 될 부분을 만들어보자. [삽입] 탭 – [일러스트레이션] 그룹 – [도형] – [직사각형]을 선택하여 삽입한 후, [도형 서식] – [단색 채우기] 메뉴 – [색] – [강조1]을 선택하고, [선] – [윤곽선 없음]을 눌러 흰색 도형 위에 놓는다. 이렇게 배열하면 모형의 본질을 흐리지 않으면서도 깔끔하게 표현할 수 있다.

04 3*3 비율로 배열하기

황금비로 배열을 하면 미학적으로 아름답다는 이야기가 있다. 사실 황금비가 아니더라도 비율을 정해 놓고 규칙적으로 배열을 하면 조화롭게 느껴진다. PPT를 만들다 보면 내용 채우기에 치중하게 되면서, 비율과 정렬의 중요성을 망각하게 된다. Before의 경우 템플릿 안에 내용을 넣다가 어떻게 하면 좋을지 몰라서 생긴 결과물이라고 할 수 있다. 오른쪽에 무늬가 있기 때문에, 하얀 부분에 중심 내용을 넣으면 되겠다고 생각을 하다가 아래처럼 특이한 배열로 내용 배치가 나오게 된 것이다.

3대 온라인 서점 비교

A 온라인 서점
인지도도 높고 대중적
고객 연령층은 골고루 분포
가장 오래된 오프라인 대형 서점

B 온라인 서점
온라인 서점 최강자
도서 추천 서비스 우수
고객 충성도 및 만족도 높은 편

C 온라인 서점
오래된 고객이 많은 편
꾸준히 이용하는 고객이 많음
고객 연령층이 비교적 높은 편

📖 **예제 파일** 3대 온라인 서점 비교-Before-완성.pptx

Part 1.

3대 온라인 서점 비교

A 온라인 서점

인지도도 높고 대중적
고객 연령층은 골고루 분포
가장 오래된 오프라인 대형 서점

B 온라인 서점

온라인 서점 최강자
도서 추천 서비스 우수
고객 충성도 및 만족도 높은 편

C 온라인 서점

오래된 고객이 많은 편
꾸준히 이용하는 고객이 많음
고객 연령층이 비교적 높은 편

📖 **예제 파일** 3대 온라인 서점 비교-After-완성.pptx　📁 **실습 파일** 3대 온라인 서점 비교-After-시작.pptx/그림1~3.jpg

3가지 항목을 비교하게 될 경우 3분할과 황금비를 이용해서 내용을 배분하는 게 가장 좋다.

1   [빈 화면 슬라이드] – [삽입] 탭 – [이미지] 그룹 – [그림] – [이 디바이스]를 선택하여 사진을 삽입한 후 사진을 선택한다.

2   사진을 선택하면 [그림 형식] 탭이 나타난다. [그림 형식] – [크기] 그룹 – [자르기] 메뉴를 클릭하고, [가로 세로 비율]을 선택하여 [4:3]을 클릭하여 사진을 잘라준다.

3   [삽입] 탭 – [텍스트] 그룹 – [텍스트 상자] – [가로 텍스트 상자 그리기]를 클릭하여 제목 내용을 삽입한다. 글꼴 설정은 [나눔스퀘어 ExtraBold, 24pt]로 한다.

4   내용 텍스트 상자도 삽입해보자. [삽입] 탭 – [텍스트] 그룹 – [텍스트 상자] – [가로 텍스트 상자 그리기]로 내용을 삽입하고, [나눔스퀘어 Light, 18pt]로 설정하여 내용을 입력한다.

5   사진, 제목 텍스트 상자, 내용 텍스트 상자를 마우스로 동시에 드래그한 후, [홈] 탭 – [그리기] 그룹 – [정렬]을 클릭하고 [맞춤] – [세로 간격을 동일하게]를 선택하여 간격을 맞춘다.

6   한 번 더 [맞춤] – [가운데 맞춤]을 눌러 가운데 정렬을 한다. 같은 방식으로 나머지 사진과 내용 부분을 채워서 전체적으로 [3*3] 배열이 될 수 있도록 한다. 이렇게 배열을 하면 안정감 있고 내용도 눈에 잘 들어오게 된다.

05   글머리 기호 대신 숫자 사용하기

PPT 기본 템플릿을 사용하여 레이아웃을 변경하고 내용을 입력하면 자동적으로 글머리 기호가 나타난다. 회사 소개서처럼 외부인에게 제안을 하고 거래가 성사되어야 하는 PPT 디자인을 만드는 경우, 글머리 기호는 거의 쓸 일이 없다. 대신 도형을 삽입하여 내용을 깔끔하게 정리하거나 숫자로 내용을 정리하는 방식을 취할 수 있다.

📑 **예제 파일** 상품 종류–Before–완성.pptx

📑 **예제 파일** SB솔루션 제공 서비스–After–완성.pptx 📂 **실습 파일** SB솔루션 제공 서비스–After–시작.pptx/그림.jpg

After처럼 우리가 제공하는 서비스의 종류가 어느 정도 되는지 어필하고, 알기 쉽게 하기 위해서 숫자를 넣고 도형을 이용해 내용을 하나로 묶어주자. 회사에서 하는 일을 대표하는 사진을 하나 넣어서 정리하는 방식으로 PPT 디자인을 개선할 수 있다.

만드는 법

1   [빈 화면 슬라이드] – [삽입] 탭 – [일러스트레이션] 그룹 – [도형]을 선택하여 [직사각형]을 누른 후 숫자 배경이 될 사각형을 삽입한다.

2   사각형을 클릭하여 [마우스 오른쪽 버튼] – [도형 서식]을 클릭하면 우측에서 도형 서식과 관련된 메뉴들이 나타난다. [채우기] – [단색 채우기] – 색 [강조1(파란색)]로 색을 변경하고, [선] – [윤곽선 없음]을 선택한다.

3   도형을 선택하여 Ctrl 키를 누르면서 드래그하면 도형이 복사된다. 이 상태에서 도형 길이를 길게 늘여주고, [채우기] – [단색 채우기]에서 [흰색, 배경1, 5% 더 어둡게]를 선택하여 색을 변경한다.

4   텍스트 상자를 삽입해보자. [삽입] 탭 – [텍스트] 그룹 – [텍스트 상자] – [가로 텍스트 상자 그리기]를 선택하여 숫자 텍스트를 삽입한다. 숫자 텍스트 설정은 [Arial, 굵게, 44pt]로 한다.

5   색은 [흰색]으로 변경한다. 마찬 가지로 내용 텍스트 상자도 삽입한다. 텍스트 설정은 [나눔스퀘어 ExtraBold, 32pt, 검정, 텍스트1, 25% 더 밝게]로 한다.

6   텍스트 상자와 도형을 드래그하여 동시 선택한 후 Ctrl+G 를 눌러 하나의 그룹으로 만들어 준 다음 Ctrl+D 를 눌러 개체 복사를 한다. 이 과정을 6번 반복하여 내용을 완성한다.

7   마지막으로 우측에 포인트가 될 사진을 삽입해보자. [삽입] 탭 – [이미지] 그룹 – [그림] – [이 디바이스]를 선택하여 적절한 사진을 선택한 다음, [도형 서식] 탭 – [크기] 그룹 – [자르기]를 활용하여 사진을 자른다. Alt+F9 키를 눌러 십자선이 보이게 하여 사진이 슬라이드의 절반을 차지하도록 배치한다.

06 중요한 내용은 도형과 픽토그램으로 강조하기

PPT를 만들다 보면 내용의 중요성은 알겠는데 이를 어떻게 표현할 것인지가 가장 어려운 문제다. PPT 템플릿 레이아웃이 위에서 아래로 문서를 작성하도록 되어 있기 때문에 그에 맞춰서 내용을 입력하다가 작업이 끝나게 되는 경우가 많다. 이럴 때는 표현하고자 하는 내용이 어떤 목적을 갖고 있는지 한 번 더 고민해보면 좋다.

Before의 경우 타사와의 차별점이 "경력 10년 이상 전문가로 구성", "자체 콘텐츠 제작팀 보유", "실적 보유"라는 것을 알 수 있다. 이 점을 어떻게 강조할 것인가를 고민해보았을 때 가장 차별화할 수 있는 부분이 "경력 10년 이상의 전문가 구성"이라는 부분이다. 1개의 강조점이 있고 이를 보조하는 2가지 강점이 있을 경우에는 Afert처럼 PPT 레이아웃을 바꿔볼 수 있다.

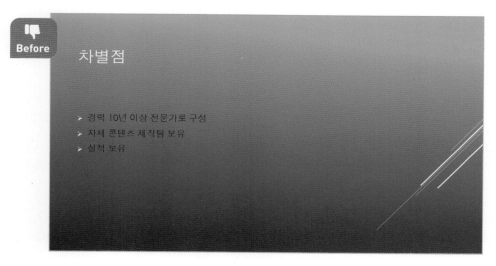

📋 **예제 파일** 차별점–Before–완성.pptx

📄 **예제 파일** SB솔루션만의 강점–After–완성.pptx   📁 **실습 파일** SB솔루션만의 강점–After–시작.pptx/그림1~3.jpg

가운데에 큰 원을 그려서 제일 주목해야 할 점을 가장 먼저 눈에 띄게 만든 후, 나머지 2가지 요소도 그만큼 중요한 강점이라는 식으로 배열하는 것이다.

만드는 법

1   [빈 화면 슬라이드] – [삽입] 탭 – [일러스트레이션] 그룹 – [도형]을 선택하고 [타원]을 클릭한 다음 `Shift` 키를 누르면서 [정원]을 삽입한다.

2   개체를 선택한 상태에서 마우스 오른쪽 버튼을 눌러 [도형 서식]을 클릭한다. [채우기] 메뉴에서 [단색 채우기] – 색 [강조1]을 선택하고, [선] – [윤곽선 없음]을 선택한다.

3   [삽입] 탭 – [일러스트레이션] 그룹 – [도형]에서 [선]을 선택한 후 `Shift` 키를 누르면서 [직선]을 삽입한다. [도형 서식]에서 윤곽선 두께를 [6pt]로 변경한다. 색은 원과 동일한 색으로 설정하고, 길이는 원의 1/4정도로 잡는다. 이 정도 비율로 선을 넣게 되면, 선이 원의 시선을 가리지 않으면서 아래에 있는 텍스트를 읽게 만드는 효과가 있다.

4   텍스트 상자와 아이콘을 삽입해보자. 텍스트의 설정은 [나눔스퀘어 ExtraBold, 28pt, 검

정, 텍스트1, 15% 더 밝게]로 한다. 자간 간격도 [매우 좁게]로 변경하여 응집력 있는 느낌을 연출했다.

5   동일한 방식으로 양옆에도 원과 텍스트 상자를 삽입하면 된다. 단, 가운데에 배치한 원보다 원의 크기는 작게 하고, 색상도 달리 한다. 이때 원의 크기는 기준 원의 2/3 정도 크기로 생각하고 삽입하면 된다.

6   [삽입] 탭 – [일러스트레이션] 그룹 – [아이콘]을 선택하여 내용과 어울리는 픽토그램을 찾아서 넣어준다. 만약 파워포인트 사용 버전이 달라서 아이콘 메뉴가 없거나 적절한 픽토그램이 없는 경우에는 사이트에서 아이콘을 찾아서 삽입하는 방법이 있다. 3가지 강점 모두 동등한 강점이고 3개 다 강조하고 싶다면 원의 크기를 동일하게 설정하면 된다. 이처럼 강조하고 싶은 내용이 있다면 원과 픽토그램을 활용하여 깔끔한 레이아웃으로 내용을 강조할 수 있다.

픽토그램 사이트 "플랫 아이콘" flaticon.com

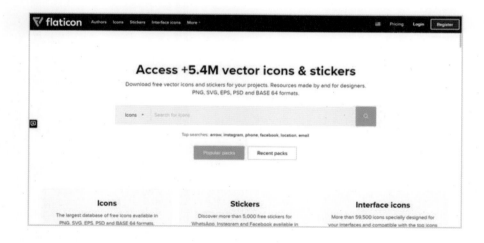

영문으로 검색해야 한다는 단점이 있지만, 굉장히 많은 종류의 아이콘이 있다. 플랫 아이콘은 무료로 사용하는 경우 출처를 밝혀야 한다.

PART 3

3단계
도형과 선으로
디자인하기

이번에는 본격적으로 PPT 디자인 연습을 해볼 것이다. PPT 디자인을 구성하는 요소는 점, 선, 면, 원, 삼각형, 사각형 이렇게 5가지가 있다. 이 요소들을 어떻게 조합해야 심플하고 세련된 PPT 가 만들어지는지 Before와 After로 나누어 살펴보자.

CHAPTER 1

도형 활용하기

먼저 CHAPTER 1에서는 도형을 활용하여 내용을 정리하는 방법에 대해서 알아보자.

| 파워포인트 디자인을 구성하는 기본 요소: 점, 선, 원, 삼각형, 사각형

01 윤곽선 없는 도형으로 깔끔함 연출하기

광고 대행사의 회사 소개서를 만드는 상황에서, 어떤 종류의 마케팅 서비스를 제공하는지에 대한 설명 슬라이드를 제작해보도록 하겠다. 온라인 마케팅 서비스 중 소셜 미디어 마케팅, 콘텐츠, 마케팅, SEO(검색엔진 최적화) 서비스를 제공하고 있는 상황이다. Before는 내용 정리가 잘 되었으나 디자인 적인 측면에서 부족한 부분이 보인다.

Before 디자인을 윤곽선이 없는 도형으로 변경하고, 깔끔함과 전문성을 더하기 위해 원 대신 사각형으로 표현하여 디자인을 변경해보겠다. 원은 부드럽고 따뜻한 인상을 주지만, 사각형은 철저하고 경계선이 명확한 느낌을 주기 때문이다. 또한, PPT를 만들 때 윤곽선이 없는 플랫 디자인을 기본 디자인 스타일로 상정하고 제작하는 것이 좋다.

1 [빈 화면 슬라이드] – [삽입] 탭 – [일러스트레이션] 그룹 – [도형]을 클릭한 후 [사각형] 그룹 – [직사각형]을 클릭하여 Shift 키를 누르면서 드래그하여 [정사각형]을 삽입한다.

2 개체를 선택한 상태에서 [마우스 오른쪽 버튼] – [도형 서식]을 클릭하여 [채우기] – [단색 채우기] – 색 [진한 파랑]으로 색을 변경해준다. 그런 다음 [선] – [윤곽선 없음]을 누른다.

3 설명 부분을 채울 직사각형을 삽입한다. [삽입] 탭 – [일러스트레이션] 그룹 – [도형]을 클릭한 후 [사각형] 그룹 – [직사각형]을 클릭하여 정사각형과 너비가 같은 직사각형을 삽입한다.

4 개체를 선택한 상태에서 [마우스 오른쪽 버튼] – [도형 서식]을 클릭하여 [채우기] – [단색 채우기] – 색 [흰색, 배경1, 5% 어둡게]를 선택하고 [선] – [윤곽선 없음]을 선택한다. 두 도형 사이에 여백을 두지 않고 붙여 배치한다.

5 텍스트 상자를 삽입해보겠다. [삽입] 탭 – [텍스트] 그룹 – [텍스트 상자] – [가로 텍스트 상자 그리기]를 선택하여 내용을 삽입한다. 이때 텍스트 설정은 [Pretendard Light, 24pt, 매우 좁게, 검정]으로 한다.

6 내용과 어울리는 픽토그램을 삽입해보자. [삽입] 탭 – [일러스트레이션] 그룹 – [아이콘]을 선택하여, 아이콘을 검색하여 삽입한다.

7 아이콘을 선택한 상태에서 [그래픽 서식] 탭 – [그래픽 채우기] – [흰색]으로 변경하고 [그래픽 윤곽선] – [윤곽선 없음]을 선택한다.

8 지금까지 만든 도형과 텍스트 상자, 아이콘을 드래그하여 동시 선택한 후 Ctrl+G를 눌러 하나의 개체로 그룹화한다.

9 개체 복사 단축키 Ctrl+D를 눌러 3개의 도형 세트를 만든다. 그런 다음 내용에 맞게 텍스트와 아이콘을 수정하여 마무리한다.

내용에 따라서 사각형 대신 원으로 정리해도 된다. 아래 텍스트 상자에 직사각형을 빼고 텍스트 상자를 삽입하는 것이 적절할 수 있다. 이때 텍스트 길이가 원보다 길어지지 않도록 하는 것이 중요하다.

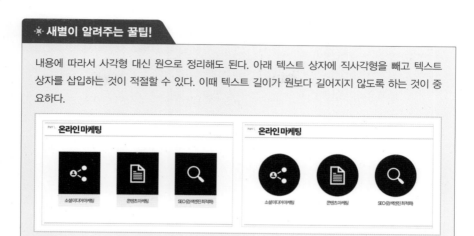

02 불투명 도형으로 다이어그램 만들기

📋 **예제 파일** 강점-Before-완성.pptx

Before의 경우, 광고 대행사의 회사 소개서를 제작하는 상황이다. SNS 마케팅 대행 서비스의 강점 3가지를 표현하고자 했다. 3가지 강점이 서로 맞물려서 시너지 효과를 나타낸다고 생각하고 톱니 바퀴 모양의 스마트아트를 선택했다. 색도 변경해봤으나, 생각보다 강점이 눈에 들어오지 않아서 어떻게 바꾸면 좋을지 고민되는 상황이다.

3가지 강점이 맞물려서 시너지 효과를 내는 상황이라면 벤 다이어그램으로 표현하는 방법을 택할 수 있다. 도형 서식에서 투명도를 조절하여 겹치는 부분이 보일 수 있도록 표현해보자.

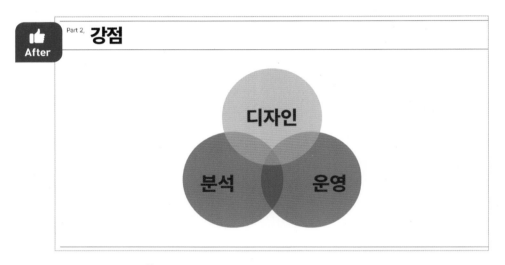

📄 **예제 파일** 강점-After-완성.pptx   📂 **실습 파일** 강점-After-시작.pptx

만드는 법

1   원을 삽입해보자. [빈 화면 슬라이드] – [삽입] 탭 – [일러스트레이션] 그룹 – [도형] – [기본 도형] – [타원]을 선택한 후 Shift 키를 누르면서 [정원]을 삽입한다.

2   개체를 선택한 상태에서 [마우스 오른쪽 버튼] – [도형 서식]을 누르고 [단색 채우기]를 선택한 다음, 색에서 [강조1] 색으로 변경한다.

3   색 아래에 [투명도]를 [0%]에서 [30%]로 변경한다. [선] – [윤곽선 없음]을 선택하여 윤

곽선을 없앤다.

4 개체를 선택한 상태에서 [Ctrl] 키를 누르면서 드래그하여 도형 2개를 복사한다. [마우스 오른쪽 버튼] – [도형 서식]을 선택하여 색을 각각 [강조2], [강조3]으로 변경한다.

5 3개의 도형을 삼각형을 그린다는 생각으로 배치한다.

6 텍스트 상자를 입력해보자. [삽입] 탭 – [텍스트] 그룹 – [텍스트 상자] – [가로 텍스트 상자 그리기]를 선택하여 텍스트를 입력한다. 텍스트 서식 설정은 [Pretendard ExtraBold, 44pt, 매우 좁게, 검정, 텍스트1, 25% 더 밝게]로 한다.

7 위쪽에 배치한 원은 [가운데 정렬], 왼쪽 원은 [왼쪽 정렬], 오른쪽 원은 [오른쪽 정렬]로 텍스트를 배치하여 완성한다.

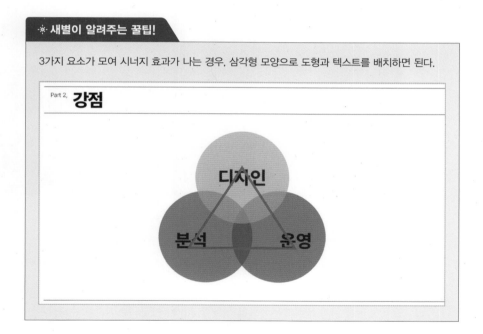

03 직사각형으로 단순 텍스트 묶어주기

하나의 큰 범주가 있고 하위 범주가 있는 구조로 내용이 정리되는 경우 직사각형 1개, 텍스트 상자 1개를 묶어서 정렬하는 방법이 가장 깔끔하고 보기 좋다. 텍스트를 내용 단위로 묶은 다음, 관계에 맞게 정렬하여 배치하면 된다. Before는 회사의 조직이 어떤 식으로 분류되어 있는지 설명하는 내용이다.

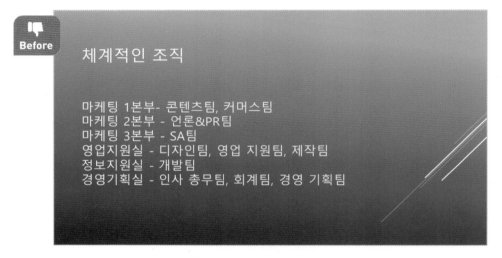

📋 **예제 파일** 체계적인 조직−Before−완성.pptx

이런 경우 After처럼 상위 수준에 있는 내용을 가장 진한 색으로 처리하고, 범주의 수준에 따라 색을 달리하는 방식으로 디자인 스타일을 정리할 수 있다. 강조하고 싶은 내용이 있는 경우 글꼴을 굵게 처리하거나 도형 색을 달리하는 방법으로 강조할 수도 있다. 들어가야 할 내용이 많은 경우, 가급적 도형 크기와 글꼴 크기를 동일하게 설정하고 글꼴 굵기나 직사각형 색에 변화를 주어 정리하는 것이 깔끔하다.

📋 **예제 파일** SB컨설팅 조직도-After-완성.pptx 📂 **실습 파일** SB컨설팅 조직도-After-시작.pptx

만드는 법

1　스마트아트 기능을 이용하여 직사각형 도형을 삽입해보도록 하자. [빈 화면 슬라이드] – [삽입] 탭 – [일러스트레이션] 그룹 – [SmartArt] – [계층 구조형] – [조직도형]을 눌러 스마트아트를 삽입한다.

2　`Tab` 키와 `Backspace` 키를 활용하여 내용을 범주에 맞게 정리한다.

3　정리가 끝났으면 개체 그룹화 해제 단축키 `Ctrl`＋`Shift`＋`G`를 2번 눌러 도형을 각각 1개씩 편집이 가능한 상태로 만든다.

4　`Shift` 키를 누른 상태에서 직사각형을 클릭하여 다중 선택한 후 [셰이프 형식] – [도형 윤곽선] – [윤곽선 없음]을 선택하여 윤곽선을 없앤다.

5　이번에는 같은 서열에 있는 내용은 같은 색으로 변경하는 작업해보자. 먼저 가장 위에 있는 직사각형 색을 변경하겠다. 도형을 선택한 상태에서 [마우스 오른쪽 버튼] – [도형 서식]을 선택하고, [채우기] – [단색 채우기] – 색 [진한 파랑]을 선택한다.

6　두 번째 서열에 있는 도형도 색을 변경해보자. [마우스 오른쪽 버튼] – [도형 서식]을

선택하고, [채우기] – [단색 채우기] – 색 [파랑]을 선택한다.

7   마지막 서열에 있는 도형도 색을 [흰색, 배경1, 5% 더 어둡게]로 설정한다. 여기서 텍스트의 서식 설정은 진한 색으로 채운 직사각형의 경우 [흰색]으로, 연한 색으로 채운 직사각형의 경우 [검정]으로 변경한다.

☀ 새별이 알려주는 꿀팁!

텍스트 내용이 많지 않은 경우에는 스마트아트 기능을 사용하기보다 직사각형을 삽입한 후 텍스트 상자를 삽입하는 것이 나을 수 있다. 텍스트 상자와 직사각형을 정렬 기능으로 맞춘 후, 개체 그룹화 단축키 Ctrl + G 로 하나의 개체로 만들고, 개체 복사 단축키 Ctrl + D 를 눌러 직사각형을 필요한 만큼 복사한 후 배치하면 된다.

PPT 슬라이드 중 강조해야 할 내용이 있어서 픽토그램을 넣는 경우가 있다. 그런데 어딘가 모르게 정돈되지 않고 시선이 분산된다고 느껴진다면 어떻게 해야 할까? 이 경우, 직사각형을 넣어서 전체 레이아웃을 먼저 그려주고 픽토그램에 시선이 가는 식으로 정리해주면 좋다. Before는 광고 진단, 전략 설정, 광고 집행, 효과 분석으로 체계적인 업무 프로세스를 통해 서비스의 강점을 강조하고자 하는 내용을 다루고 있다.

📋 **예제 파일** 강점—Before—완성.pptx

픽토그램이 윤곽선만 있고 도형이 채워지지 않은 스타일로 구성되어 있어서 시선이 분산된다. 또한 픽토그램과 텍스트 내용은 같은 내용을 달리 표현한 상황인데, 검정색과 흰색으로 대비되는 효과도 나타나고 있다. 이럴 경우 도형을 채우고 윤곽선이 없는 픽토그램으로 변경하여 직사각형으로 내용을 묶은 후, 설명 글꼴을 좀더 굵은 글꼴로 처리하여 깔끔하면서 집중력 있는 디자인으로 변경할 수 있다.

PART 3

Part 2. **강점**

📖 **예제 파일** 강점-After-완성.pptx 📁 **실습 파일** 강점-After-시작.pptx/그림1~4.png

만드는 법

1   [빈 화면 슬라이드] – [삽입] 탭 – [일러스트레이션] 그룹 – [도형] – [직사각형]을 선택한 후 드래그하여 삽입한다.

2   [마우스 오른쪽 버튼] – [도형 서식]을 선택하여 [채우기] – [단색 채우기] – 색 [흰색, 배경1, 5% 더 어둡게]로 변경한다.

3   픽토그램을 삽입해보자. [삽입] 탭 – [일러스트레이션] 그룹 – [아이콘]을 선택하여 검색한 후 내용에 맞는 픽토그램을 선택한다. 이때, 윤곽선만 있는 스타일이 아니라 채우기 형식의 픽토그램을 고른다. 그런 다음 텍스트 상자를 삽입하여 내용을 입력한다.

4   텍스트 서식 설정은 [Pretendard SemiBold, 28pt, 매우 좁게, 검정, 텍스트1, 25% 더 밝게]로 한다.

5   직사각형, 픽토그램, 텍스트 상자를 동시 선택하여 개체 그룹화 단축키 `Ctrl`+`G`를 눌러 그룹화하고 개체 복사 단축키 `Ctrl`+`D`를 반복해서 눌러 배열한다.

6 텍스트 내용과 픽토그램을 교체하여 내용을 변경한 후, 픽토그램 색상을 바꿔보자. [그래픽 형식] – [그래픽 채우기]를 선택하여 색을 변경한다. 내용에 따라서는 동일한 색상으로 처리해도 된다. 여기서 중요한 것은 무채색의 직사각형으로 레이아웃을 잡아서 안정감 있게 표현하는 방식을 취하는 것이다.

> ☀ 새별이 알려주는 꿀팁!
>
> 픽토그램의 경우 디자인 스타일이 크게 2가지로 나뉜다. 윤곽선이 강조된 디자인이 있고, 윤곽선 대신 도형이 채워진 형태의 디자인이 있는데 둘 중 하나의 스타일을 골라 통일감을 주자.

05 개체 복제 기능으로 인포그래픽 만들기

설문 조사를 진행하여 '10명 중 몇 명' 또는 퍼센트로 나타낼 수 있는 데이터가 있는 경우, 간단한 인포그래픽을 만들어서 표현하는 것이 효과적일 수 있다. After처럼 관련 내용을 한 문장으로 정리하고, 직사각형 도형을 삽입하거나 글꼴을 굵게 강조하는 것도 방법이다. 텍스트와 이미지를 함께 사용하면 더 오래 기억에 남으므로 개체 복제 기능을 활용하여 간단한 인포그래픽을 만들어보자. 텍스트 문장은 직사각형 도형을 삽입하여 강조하고, 픽토그램으로 강조하면 더 오래 기억에 남는 슬라이드를 만들 수 있다.

여러분의 선택

10명 중 6명은 저희가 집행한 콘텐츠를 보고 계십니다

▤ **예제 파일** 여러분의 선택–Before–완성.pptx

Part 2. **강점**

10명 중 **6명** 이 저희가 집행한 콘텐츠를 보고 계십니다

▤ **예제 파일** 여러분의 선택–After–완성.pptx 📁 **실습 파일** 여러분의 선택–After–시작.pptx/그림1.png

만드는 법

1   먼저 픽토그램 부분을 작업해보자. [빈 화면 슬라이드] – [삽입] 탭 – [일러스트레이션] 그룹 – [아이콘]을 선택하여 사람 모양 픽토그램을 삽입한다. 파워포인트 버전이 낮아서 아이콘 기능이 없는 경우, 플랫 아이콘 등의 사이트에서 다운로드 받아서 만들면 된다. (참고 사이트: 플랫 아이콘 flaticon.com)

2   개체 복사 단축키 **Ctrl** + **D** 를 이용하여 사람 모양 픽토그램을 10개 만든 뒤, 개체 서식 [그래픽 형식] – [그래픽 스타일] 그룹 – [그래픽 채우기]에서 색을 변경해주고, [그래픽 윤곽선] – [윤곽선 없음]을 선택하여 윤곽선을 없애준다.

3   플랫 아이콘 사이트 등에서 그림으로 개체를 삽입한 경우, [그림 형식] – [조정] 그룹 – [색]을 선택하여 색상을 변경한다. 여기서 강조하고 싶은 그림은 선명한 색을 선택하고, 나머지 부분에 해당하는 숫자는 [흰색, 배경1, 5% 더 어둡게]로 선택하여 있는 듯 없는 듯한 인상을 주면 된다.

4   텍스트 상자를 삽입해보자. [삽입] 탭 – [텍스트] 그룹 – [텍스트 상자] – [가로 텍스트 상자 그리기]를 선택하여 내용을 삽입한다. 텍스트 설정은 [Pretendard Light, 32pt, 검정]으로 한다. 강조하고 싶은 숫자 부분은 스페이스바로 공백을 남겨두었다.

5   직사각형 도형을 삽입해보자. [삽입] 탭 – [일러스트레이션] 그룹 – [도형] – [직사각형]을 선택한 후 [도형 서식]에서 – [단색 채우기] – [색] – [강조1, 진한 파랑]을 선택하여 변경한다.

6   텍스트 상자를 삽입하고 글꼴 색을 흰색으로 변경한다. 텍스트 설정을 [Pretendard ExtraBold, 54pt, 흰색]으로 변경한다.

> **☀ 새별이 알려주는 꿀팁!**
>
> 편집하면서 텍스트 상자나 도형의 순서가 맞지 않는 경우 마우스 오른쪽 버튼을 눌러 [맨 뒤로 보내기], [맨 앞으로 가져오기]를 적절히 이용하여 배치를 바꿔준다.

이번에는 불투명 도형을 목차 디자인에 활용하는 방법에 대해 알아보자. 불투명 도형은 표지 디자인이나 목차 디자인에도 활용할 수 있다. 삼각형 모양으로 배치한다는 생각으로 작업해보자. 하지만 일반적으로 목차를 만들면 Before와 같이 번호와 내용을 정리하게 되는데, 목차를 디자인할 때는 숫자, 제목, 내용을 각각의 텍스트 상자로 입력해야 한다. 내용은 글머리기호 없이 삽입하는 것이 깔끔하다. 불투명 도형은 불규칙적으로 배치하되, 삼각형 모양 배열이라고 생각하고 배치하면 무리 없이 예쁜 디자인으로 마무리할 수 있다.

📋 **예제 파일** 목차–Before–완성.pptx

After

목차 a table of contents

01 회사소개
연혁
매출 현황
조직도
파트너사

02 강점
전략
분석
컨설팅
차별점

03 사례
검색 광고
콘텐츠 광고
기타 광고

📄 **예제 파일** 목차–After–완성.pptx 📁 **실습 파일** 목차–시작.pptx/그림.jpg

만드는 법

1 먼저 사진을 삽입한다. [빈 화면 슬라이드] – [삽입] 탭 – [이미지] 그룹 – [그림] – [이 디바이스]를 선택하여, 사진을 우측에 배치한다.

2 불투명 도형을 삽입해보자. [삽입] 탭 – [일러스트레이션] 그룹 – [도형] – [타원]을 선 택하고 Shift 키를 누르면서 드래그하여 [정원]을 삽입한다.

3 [마우스 오른쪽 버튼] – [도형 서식]을 선택하고, [채우기] – [단색 채우기] – 색 [강조 색1, 진한 파랑]을 선택한 후 투명도를 30%로 조절한다. 그런 다음 Ctrl 키를 눌러 원 을 여러 개 복사하고 [도형 서식] 메뉴에서 채우기 색을 변경한다. 배치는 마치 삼각형 을 그린다는 생각으로 배열해준다.

4 목차 내용에 해당하는 텍스트 상자를 삽입해보도록 하겠다. [삽입] 탭 – [텍스트] 그룹 – [텍스트 상자] – [가로 텍스트 상자 그리기]를 선택하여 삽입 후 내용을 입력한다. 목 차와 숫자에 해당하는 서식은 [Pretendard ExtraBold, 36pt, 검정, 텍스트1, 25% 더 밝 게]으로 설정한다. 소제목에 해당하는 서식은 [Pretendard SemiBold, 36pt, 검정, 텍스 트1, 25% 더 밝게]로 한다. 여기서 중요한 점은 숫자와 목차는 굵게 처리하고, 제목은

그보다는 얇은 글꼴로 설정하는 것이다. Pretendard라는 글꼴이 아닌 다른 글꼴을 사용하는 경우에도 마찬가지로 강약 조절을 하기 위해 숫자는 굵은 글꼴로 제목은 그보다 얇은 글꼴로 처리하는 것이 깔끔하다. 목차 슬라이드의 핵심은 앞으로 소개할 내용이 크게 몇 가지라는 것을 알려주는 것이기 때문이다.

5   내용의 경우 제목과 동일하게 얇은 글꼴을 사용하되, 글씨 크기를 작게 줄이는 것이 좋다. 내용 텍스트의 경우 [Pretendard Light, 14pt, 검정, 텍스트1, 25% 더 밝게]로 처리하여 정리했다.

☀ 새별이 알려주는 꿀팁!

목차를 디자인을 할 때 허전하다는 생각이 든다면 '숫자 1' 대신 '01'로 표기하는 것이 방법이 될 수 있다. 또 숫자가 눈에 잘 안 들어온다는 생각이 들면, 영문 글꼴을 활용하면 된다. 한글 글꼴에 비해 숫자 디자인이 다채로운 경우가 많기 때문이다.
도형의 경우 삼각형을 그린다는 생각으로 배치하고 크기는 동일하게 설정하거나 약간 크고 작게 설정한다. 색은 비슷한 색을 불투명도만 다르게 적용하면 어렵지 않게 디자인을 완성할 수 있다.

☀ 새별이 알려주는 꿀팁!

1. 부드러운 인상을 주고 싶을 때: 원 활용
2. 깔끔하게 딱 떨어지는 인상을 주고 싶을 때: 사각형 활용
3. 포인트를 주고 싶을 때: 삼각형 배치 활용

CHAPTER 2

선 활용하기

내용을 구분하는 선을 활용하여 레이아웃을 깔끔하게 다듬고, 메시지의 명확성을 높이는 방법에 대해서 알아보도록 하자.

01 선으로 제목 영역과 내용 영역 구분해주기

📋 **예제 파일** 종이책 vs 전자책―Before―완성.pptx

파워포인트 프로그램에 내장되어 있는 템플릿을 사용하면, 제목과 내용 레이아웃이 작업 화면 상에서는 구분되어 있지만 슬라이드 쇼 상으로는 구분 선이 없는 경우가 대부분이다. 이번에는 선을 이용하여 제목 부분과 내용 부분을 명확하게 구분 짓는 방법에 대해서 알아보자.

Before의 경우, 출판사에서 실적 보고서를 제작할 때 종이책과 전자책의 장단점을 비교하는 내용인데, 제목 영역과 내용 레이아웃이 구분되어 있지 않아 정리가 안되어 보인다.

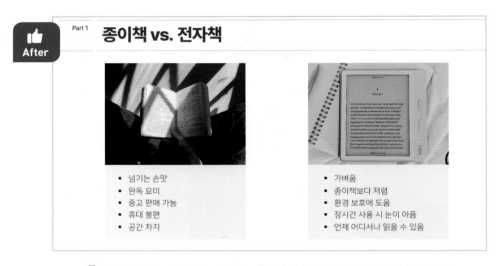

📑 **예제 파일** 종이책 vs 전자책–After–완성.pptx   📂 **실습 파일** 종이책 vs 전자책–시작.pptx/그림1~2.jpg

이럴 경우에는 제목 영역에 포함될 현재 위치를 나타내는 텍스트, 그리고 현재 슬라이드를 대표하는 제목 텍스트 2가지를 넣어주면 된다. 현재 위치는 'PART 2', 'Chapter 3', '단원 1' 등으로 나타낼 수 있다. 이 부분은 작고 얇은 글꼴로 처리하고 제목 텍스트는 굵고 크게 표현하면 된다. 내용 슬라이드가 시작되는 영역과 구분이 될 수 있도록 선을 긋는 방법으로 만들어보자.

만드는 법

1   제목 텍스트에 해당하는 텍스트 상자를 삽입해보자. [빈 화면 슬라이드] – [삽입] 탭 –
     [텍스트] 그룹 – [텍스트] – [가로 텍스트 상자 그리기]를 선택하여 제목 내용을 입력
     한다.

2   제목 내용 서식은 [Pretendard ExtraBold, 40pt, 좁게, 검정]으로 한다.

3   현재 위치를 나타내는 텍스트도 입력해보자. 현재 위치를 나타내는 텍스트 서식은
     [Pretendard, 14pt, 좁게, 검정]으로 하였다. 만약 글꼴이 ExtraBold, Bold, Light의 구분
     이 없는 텍스트라면 제목 글꼴을 굵게 하고, 간격을 좁혀주어 한눈에 구분이 가능하도
     록 만들자.

4   선으로 제목 부분을 디자인해보자. 현재 위치를 나타내는 텍스트 영역에 해당되는 선
     을 먼저 삽입하겠다. [삽입] 탭 – [일러스트레이션] 그룹 – [도형] – [선]을 선택하고
     Shift 키를 누르면서 드래그하여 직선을 삽입한다.

5   선의 길이는 [2.7cm]로 두었다. 슬라이드 크기에 따라 다르지만 현재 위치를 나타내는
     텍스트보다 조금 더 길게 넣어주면 된다.

6   그런 다음, 제목 텍스트 영역을 감쌀 선을 삽입하겠다. [삽입] 탭 – [일러스트레이션]
     그룹 – [도형] – [선]을 선택하고 Shift 키를 누르면서 드래그하여 [직선]을 삽입한다.
     선의 길이는 [30cm]로 설정한다.

7   선의 길이는 슬라이드 크기에 따라서 달라질 수 있다. 길이를 몇 cm로 삽입한다는 개
     념으로 선을 넣기보다는 최대한 길게 넣어서 제목 영역을 감싼다는 인상을 주는 것이
     중요하다.

8   위에 삽입한 직선을 아래에도 삽입해보자. 마우스로 드래그하여 위에 삽입한 직선 2개
     를 동시에 선택한 후 Ctrl+D를 눌러 텍스트 아래로 복사하여 배치한다.

일반적으로 제안하거나 기대 효과를 나타내는 슬라이드를 만들 때는 사진이나 이미지를 활용하게 된다. 이때 사진과 텍스트를 각각 별도로 삽입하는 것보다 사진을 전체 슬라이드로 채우고 보조선을 넣어서 텍스트를 삽입하는 것이 훨씬 강력한 메시지 표현 효과가 있다.

Before는 기대 효과를 사진과 텍스트를 분리하여 배치했다. 이럴 경우 내용 파악이 한눈에 들어오지 않기 때문에 After처럼 이미지와 테스트를 함께 배치하여 정리해주는 것이 좋다.

예제 파일 기대 효과—Before—완성.pptx

투자 비용 감소
마케팅 전략 수립 용이

📑 **예제 파일** 기대 효과-After-완성.pptx　　📂 **실습 파일** 기대 효과-After-시작.pptx/그림1~2.jpg

만드는 법

1　　먼저 내용에 맞는 적절한 사진을 찾는 것이 중요하다. 픽사베이pixabay.com, 언스플래
　　　시unsplash.com, 픽셀www.pexels.com 등에서 적절한 사진을 선택해보자.

2　　표현하고자 하는 이미지와 비슷한 느낌이 들면서 피사체가 1개로 명확하게 정리되어
　　　있고, 텍스트를 입력할 만큼 배경에 여백이 있는 사진을 고른다.

3　　사진을 다운로드 받았다면 [삽입] 탭 – [이미지] 그룹 – [그림] – [이 디바이스]를 선택
　　　하여 사진을 삽입한다. 그런 다음 Shift 키를 눌러 슬라이드에 꽉 차게 사진을 확대하
　　　고, 자르기 기능으로 슬라이드 크기와 동일하게 자른다.

4　　[도형 서식] 탭 – [크기] 그룹 – [자르기]를 선택하면 사진을 자를 수 있다. 그런 다음,
　　　선과 동그라미를 삽입해보자.

5　　[삽입] 탭 – [일러스트레이션] 그룹 – [도형] – [선]을 선택하여 내용과 텍스트를 이어
　　　줄 [선]을 삽입한다. 이때 선을 직선으로 삽입하는 것보다 약간 기울어진 선으로 삽입
　　　하는 것이 포인트가 된다.

6 선의 굵기는 [1pt] 정도로 얇게 넣는다.

7 다음으로 텍스트와 선을 이어줄 원을 삽입해보자. [삽입] 탭 – [일러스트레이션] 그룹 – [도형] – [타원]을 선택하여 Shift 키를 누르면서 [정원]을 삽입한다.

8 원의 크기는 [0.7cm] 정도로 작게 삽입한다. [도형 서식] 메뉴에서 [윤곽선 없음]을 선택하여 깔끔하게 정리한다.

9 내용에 해당하는 텍스트를 삽입해보자. [삽입] 탭 – [텍스트] 그룹 – [텍스트 상자] – [가로 텍스트 상자 그리기]를 선택하여 내용을 입력한다. 텍스트 서식은 [Pretendard ExtraBold, 18pt, 흰색]으로 한다.

⁎ 새별이 알려주는 꿀팁!

After처럼 내용을 강조할 경우에는 피사체가 1개만 나오고 배경 여백이 많은 사진이 좋다.

03 괄호를 넣어 핵심 메시지 넣기

기대 효과를 나타내는 슬라이드를 만들 때는 일반적으로는 사진을 삽입한다. 이럴 때 이미지 연상 효과를 위해서 여러 장의 사진을 삽입하여 아이디어를 표현하고자 하는 경우가 대부분이다. '많은 이미지가 있으면 연상이 쉽지 않을까?'라는 생각이 들어서 사진을 많이 넣곤 하는데, 사진과 텍스트를 함께 쓰는 것이 훨씬 더 효과적이다. Before는 마음챙김 도서의 인기가 많으니, 우리도 마음챙김 도서를 기획해보자는 내용을 발표하고자 할 때 보조 자료로 PPT 슬라이드를 만드는 상황이다.

📑 **예제 파일** 기대 효과-Before-완성.pptx

먼저 전자책으로 마음챙김 도서를 낸 후, 반응을 보고 종이책으로도 출간하자는 내용을 담고 싶어서 2가지 사진을 준비했다. 그런데 여기서 중요한 것은 마음챙김 도서의 인기가 많아서 이 분야에 치중해서 책을 내보자는 내용이므로 하나의 메시지에 집중한 디자인으로 바꿔보도록 하자.

📑 **예제 파일** 기대 효과–After–완성.pptx 📂 **실습 파일** 기대 효과–After–시작.pptx/그림1.jpg

만드는 법

1   사진을 삽입해보자. [빈 화면 슬라이드] – [삽입] 탭 – [이미지] 그룹 – [그림] – [이 디바이스]를 선택하여 사진을 삽입한다.

2   Shift 키를 누르면서 슬라이드를 꽉 채워서 사진을 넣는다. 튀어나온 부분은 자르기 기능으로 자른다.

3   사진을 선택한 상태에서 [도형 서식] – [크기] 그룹 – [자르기]를 선택하여 슬라이드 크기에 맞게 자른다.

4   불투명 직사각형을 넣어서 어둡게 연출해보자. [삽입] 탭 – [일러스트레이션] 그룹 – [도형] – [직사각형]을 선택하여, 슬라이드 크기와 동일한 크기로 삽입한다.

5   [도형 서식]을 선택하여 [도형 채우기] – [단색 채우기] – [색] – [검정]을 선택하고 [투명도] – [30%]으로 변경한다. [선] – [윤곽선 없음]을 선택해서 깔끔하게 연출한다.

6   괄호와 내용 텍스트 상자를 삽입해보자. [삽입] 탭 – [텍스트] 그룹 – [텍스트] – [가로 텍스트 상자 그리기] 삽입을 선택하여 대괄호를 삽입한다.

7 텍스트 서식은 [나눔스퀘어 ExtraBold, 287pt, 흰색]으로 한다.

8 괄호 안에 내용 텍스트를 삽입해보자. [삽입] 탭 – [텍스트] 그룹 – [텍스트] – [가로 텍스트 상자 그리기] 삽입을 선택하고, [나눔스퀘어 ExtraBold, 88pt, 흰색]으로 설정하여 내용 텍스트를 삽입한다.

04 선으로 설명 영역 구분하기

PPT 작업을 하다 보면 슬라이드에 차트, 이미지 등 다양한 요소를 삽입하게 되는데, 이때 개체들 사이에 구분 선을 넣으면 깔끔하게 연출할 수 있다. Before는 2가지 종류의 그래프를 삽입하여 내용을 설명하는 경우이다.

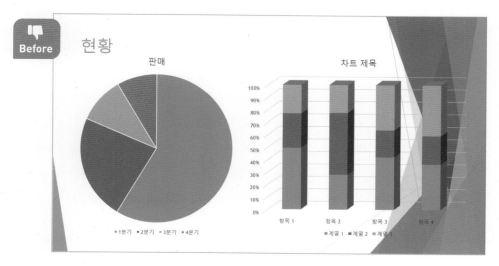

📑 **예제 파일** 현황–Before–완성.pptx

이런 경우에는 윤곽선이 있는 흰색 배경의 직사각형을 삽입하여 차트를 묶어주고, 선을 가운데에 넣어 내용을 구분해주자.

Part 1.
현황

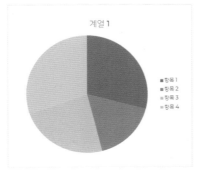

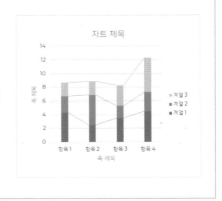

目 **예제 파일** 현황-After-완성.pptx   ☐ **실습 파일** 현황-After-시작.pptx

만드는 법

1 차트의 배경 역할을 하면서 하나의 내용임을 나타낼 수 있는 직사각형을 삽입해보자. [빈 화면 슬라이드] – [삽입] 탭 – [일러스트레이션] 그룹 – [도형] – [직사각형]을 선택하여 삽입한다.

2 [도형 서식] 탭 – [도형 스타일] – [도형 채우기]를 선택하여 [흰색]으로 채워주고, 윤곽선은 [흰색, 배경1, 15% 더 어둡게]를 선택하고, 두께는 [1pt]로 한다.

3 직사각형을 선택한 상태에서 [Ctrl] 키를 눌러 드래그하여 직사각형을 복사하고, 옆의 차트에도 동일한 방식으로 배경을 넣어준다. 이때 도형의 순서가 안 맞는다면, [마우스 오른쪽 버튼] – [맨 앞으로 보내기] 또는 [맨 뒤로 보내기] 기능을 활용하여 차트가 맨 앞으로 올 수 있도록 한다.

4 가운데에 선을 삽입하여 구분선을 주자. [삽입] 탭 – [일러스트레이션] 그룹 – [도형] – [선]을 선택한 뒤, [Shift] 키를 누르면서 직선을 삽입한다. 이때 선의 길이는 배경 역할을 하는 직사각형과 동일한 높이로 한다.

※ 새별이 알려주는 꿀팁!

차트의 '차트 영역 서식' 메뉴에서 배경을 넣는 것도 방법이지만 이렇게 할 경우 여백이 없어 보이기 때문에 오히려 답답함을 줄 수 있다. 배경 역할을 할 직사각형을 먼저 삽입하고 그 위에 차트를 삽입한 다음 Ctrl + G 를 눌러 하나의 개체로 그룹화한 다음 복사하여 배치하고 차트 유형을 변경해서 편집하는 것이 더 깔끔한 차트 편집법이 될 수 있다.

※ 새별이 알려주는 꿀팁!

한쪽에는 차트, 한쪽에는 내용으로 레이아웃을 배치할 때도 동일한 레이아웃 구성을 만들 수 있다.

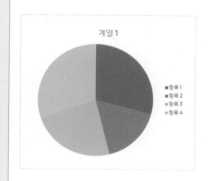

Part 1. **현황**

계열 1

- 항목 1
- 항목 2
- 항목 3
- 항목 4

소제목을 입력하세요

그리워 멀리 하나에 이름과, 무엇인지 별에도 어머니 이름자 거외다. 하나에 슬퍼하는 너무나 위에 된 봅니다. 없이 별에도 이름을 나는 풀이 거외다. 부끄러운 시와 계절이 봅니다. 나의 묻힌 속의 이웃 하나의 사랑과 거외다. 하나에 위에 강아지 봅니다. 새겨지는 별 불러 어머니, 이제 것은 별들을 거외다. 된 슬퍼하는 못 별 시인의 사랑과 있습니다. 멀리 그러나 이런 겨울이 봅니다. 하나에 풀이 별 라이너 쓸쓸함과 버리었습니다.

PART 4

4단계
시각 자료와
색상 편집하기

파워포인트 기능은 알아도 편집의 '한 끗 차이'로 깔끔함이 갈리게 되는 경우가 많다. 이번에는 시각 자료를 어떻게 편집할 것인지 구체적인 사례들을 통해 실습해보자.

CHAPTER 1 | 시각 자료 편집하기

01 초점이 하나로 맞춰진 사진으로 표지 만들기

표지에 사용할 사진을 고를 때는 텍스트 위주로 구성되어 있거나 피사체가 많은 사진은 피하는 것이 좋다. 그 이유는 Before처럼 표지 제목이 눈에 띄지 않을 수 있기 때문이다. 피사체가 1개만 나오면서 대표성이 있는 사진을 골라 표지를 만들어보자.

目 **예제 파일** 회사 소개서—Before—완성.pptx

새별 온라인 마케팅
회사소개서

📑 **예제 파일** 회사 소개서−After−완성.pptx 📄 **실습 파일** 회사 소개서−After−시작.pptx/그림1.jpg

만드는 법

1   [삽입] 탭 − [이미지] 그룹 − [그림] − [이 디바이스]를 선택하여 사진을 삽입한다.

2   사진을 선택한 상태에서 Shift 키를 눌러 슬라이드 크기에 맞게 키운다.

3   슬라이드를 넘어가는 사진 부분은 [그림 서식] − [크기] 그룹 − [자르기] 메뉴를 클릭하
    여 슬라이드 크기에 맞게 자른다.

4   [삽입] 탭 − [일러스트레이션] 그룹 − [도형] − [직사각형]을 선택하여 슬라이드 크기와
    동일한 직사각형을 삽입한다.

5   [직사각형]을 선택한 상태에서 [도형 서식] 탭 − [도형 스타일] − [도형 채우기] − [청록
    색]으로 변경하고 − [불투명도] − [30%]를 준다.

6   [도형 서식] 탭 − [도형 스타일] − [도형 윤곽선] − [윤곽선 없음]을 선택하여 윤곽선을
    없앤다.

7   [삽입] 탭 − [텍스트] 그룹 − [텍스트 상자] − [가로 텍스트 상자 그리기]를 선택하여 텍
    스트를 삽입한다. 텍스트 서식은 [Pretendard ExtraBold, 66pt, 매우 좁게]로 한다.

8   눈금자선 단축키 `Alt`+`F9`를 눌러 글자와 텍스트가 가운데인지 확인한다. 가운데가 아닐 경우 마우스로 드래그하여 개체를 다중 선택한 후, [그림 형식] – [정렬] – [가운데 맞춤]으로 가운데로 맞춘다.

☀ 새별이 알려주는 꿀팁!

깔끔한 표지 슬라이드를 만들기 위해서는 표지 사진으로 적합한 사진을 고르는 것이 중요하다. 피사체가 가운데 있거나 제목을 입력할 수 있게 여백이 있는 사진을 고르자. 건물 사진을 고를 경우 창문 때문에 요소가 많다고 느껴질 수 있으므로 하늘이 충분히 비춰져 있는지 살펴보도록 하자. 표지에 적합한 사진은 언스플래시unsplash.com에서 찾을 수 있다.

---

02 저화질 이미지는 고화질 이미지로 대체하기

目 **예제 파일** 대행 서비스–Before–완성.pptx

Part 1

대행 서비스

계정운영및관리   콘텐츠제작   고객데이터분석

📄 **예제 파일** 대행 서비스-After-완성.pptx   📁 **실습 파일** 대행 서비스-After-시작.pptx/그림1~3.jpg

PPT 슬라이드 작업을 하다 보면 저화질 이미지와 고화질 이미지가 섞인 경우가 있다. 화질이 떨어진 이미지를 포함하게 되면, 슬라이드의 깔끔하고 진중한 느낌이 없어지기 때문에 고화질 이미지로 통일하는 것이 좋다. 저화질 이미지를 다른 고화질 이미지로 대체하거나 유사한 이미지를 구글 검색으로 찾아서 고화질로 변경하자.

만드는 법

1   구글에서 이미지 검색 사이트 www.google.co.kr/imghp?hl=ko에 방문한다.

2   [카메라] 모양의 픽토그램을 클릭하면 URL로 이미지 불러오기, 내 컴퓨터에서 이미지 불러오기 2가지 중 선택할 수 있다.

3   [내 컴퓨터에서 이미지 불러오기]를 클릭하여 찾고 싶은 이미지를 업로드한다.

4   업로드하면 아래의 사진처럼 유사한 이미지를 찾아준다.

5   이 중에서 크기가 큰 이미지를 다운로드 받는다.

PART 4

6　파워포인트 슬라이드 화면에서 변경하고자 하는 이미지를 클릭한다.

7　[마우스 오른쪽 버튼] – [그림 바꾸기] – [파일에서]를 선택하여 대체 이미지를 불러온다.

03　사진 크기 동일하게 편집하기

　　Before는 슬라이드에 사진을 여러 장 넣어서 사진의 크기가 제각기 다른 경우이다. 이럴 때는 사진을 같은 크기로 자른 후 3분할로 배치하여 주목도 있고 깔끔한 디자인으로 수정이 가능하다.

📋 **예제 파일** 분석 기반 마케팅–Before–완성.pptx

After

Part 3

분석 기반 마케팅

▤ **예제 파일** 분석 기반 마케팅–After–완성.pptx   ☐ **실습 파일** 분석 기반 마케팅–After–시작.pptx/그림1~6.jpg

만드는 법

1   [삽입] 탭 – [이미지] 그룹 – [그림] – [이 디바이스]를 선택하여 사진을 삽입한다.

2   사진을 선택한 상태에서 [그림 형식] – [크기] 그룹 – [자르기] 메뉴에서 [가로 4:3]을
　　선택하여 사진을 자른다.

3   동일한 방법으로 사진을 여러 장 삽입한다.

4   마우스로 드래그하여 사진을 다중 선택한 후 [그림 형식] – [정렬] – [맞춤] 메뉴에서
　　간격을 맞춰 완성한다.

사진의 내용을 전부 담고 싶어서 크기를 동일하게 편집할 수 없는 경우, 사진의 '높이'를 동일하게 맞춘다. 이때 윗줄과 아랫줄의 너비를 동일하게 맞춰 양쪽 정렬 형태로 레이아웃을 짜도록 하자.

04 도형에 맞춰 자르기 기능으로 사진 깔끔하게 연출하기

PPT 슬라이드에 어떤 특징을 나열할 때, 사각형보다 원으로 표현하는 것이 더 깔끔하고 부드러우면서도 집중력 있는 느낌을 연출할 수 있다. Before의 경우 광고 대행사의 회사 소개서 슬라이드 일부이다. 회사 내부에 콘텐츠 제작팀이 있어 다양한 장비를 활용한 촬영, 전문가들의 편집, 각 채널에 최적화된 콘텐츠가 제작 가능하다는 것을 어필하는 내용이다.

📑 **예제 파일** 내부 콘텐츠 제작팀-Before-완성.pptx

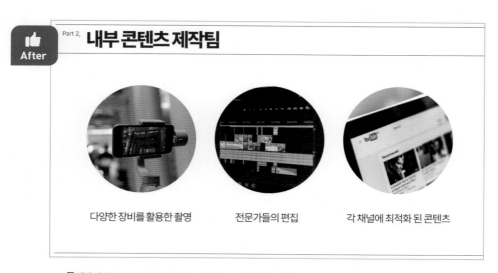

📑 **예제 파일** 내부 콘텐츠 제작팀-After-완성.pptx 📁 **실습 파일** 내부 콘텐츠 제작팀-After-시작.pptx/그림1~3.jpg

1   [삽입] 탭 – [이미지] 그룹 – [그림] – [이 디바이스]를 선택하여 사진을 삽입한다.

2   [그림 서식] 탭을 선택하여 [크기] 그룹 – [자르기]를 선택한다.

3   [자르기] 하위 메뉴 중 – [도형에 맞춰 자르기] – [원]을 선택한다.

4   [그림 서식] – [크기] 그룹 – [자르기] – [가로 세로 비율] – [1:1]을 선택하여 [정원]으
     로 자른다.

5   [삽입] 탭 – [텍스트] 그룹 – [텍스트 상자] – [가로 텍스트 상자 그리기]를 선택하여 사
     진을 설명하는 텍스트 내용을 삽입한다.

6   마우스로 드래그하여 사진과 텍스트 상자를 다중 선택한 후, **Ctrl**+**G**를 눌러 그룹화
     한다.

7   개체 복사 단축키 **Ctrl**+**D**를 눌러 2개 더 복사한다.

8   사진을 선택하여 마우스 오른쪽 버튼을 누른 다음 [그림 바꾸기] – [이 디바이스]를 선
     택하여 사진을 변경한다.

9   텍스트 상자 내용을 수정하여 마무리한다.

05 사진이 글씨를 가리지 않도록 밝기 조율하기

Before는 광고 대행사에서 '사전 미팅을 통한 타겟 명확화'라는 메시지를 강조하고 싶어서
사진을 삽입한 경우다. 이때는 텍스트가 명확히 보일 수 있도록 사진의 명도를 적절히 조율
할 필요가 있다. 중요도로 따지자면 사진보다 텍스트가 더 우선순위에 있기 때문이다.

📑 **예제 파일** 사전 미팅 타깃 명확화–Before–완성.pptx

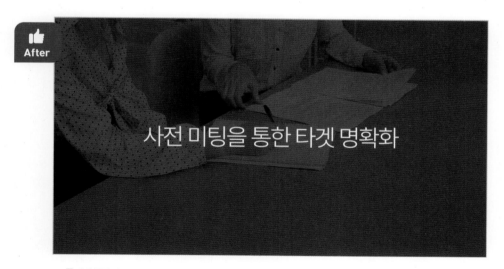

📑 **예제 파일** 사전 미팅 타깃 명확화–After–완성.pptx 📂 **실습 파일** 사전 미팅 타깃 명확화–After–시작.pptx/그림1.jpg

만드는 법

1   [빈 화면 슬라이드] – [삽입] 탭 – [이미지] 그룹 – [그림] – [이 디바이스]를 선택하여 사진을 삽입한다.

2   `Shift` 키를 누르면서 슬라이드 크기보다 사진을 조금 크게 잡아준다.

3   [도형 서식] 탭 – [크기] 그룹 – [자르기]를 선택하여 사진을 슬라이드 크기와 동일하게 자른다.

4   사진을 어둡게 처리하기 위해 [삽입] 탭 – [일러스트레이션] 그룹 – [도형] – [직사각형]을 선택하여 슬라이드 크기와 동일한 직사각형을 삽입한다.

5   [도형 서식] 탭 – [도형 스타일] 그룹 – [도형 채우기] 메뉴를 선택하여 [검정]으로 색을 변경한 후, 불투명도를 [30%]로 변경한다. 사진의 밝기에 따라서 10~30% 사이의 수치를 입력하면 된다.

6   [도형 서식] 탭 – [도형 스타일] 그룹 – [도형 윤곽선]을 선택하여 [윤곽선 없음]으로 변경한다.

7   [삽입] 탭 – [텍스트] 그룹 – [텍스트 상자] – [가로 텍스트 상자 그리기]를 선택하여 메시지를 입력한다.

8   텍스트 서식은 [Pretendard Light, 54pt, 흰색, 매우 좁게]로 한다.

9   십자선 단축키 `Alt`+`F9`를 눌러 가운데 정렬이 되었는지 확인 후 [도형 서식] 탭 – [정렬] 그룹 [맞춤] 기능이나 키보드의 화살표 키를 활용하여 가운데로 맞춰서 마무리한다.

픽토그램 스타일은 하나로 통일하기

픽토그램 디자인 스타일은 크게 3가지로 나뉜다. 채우기 형, 선 형 그리고 색상에 그래픽의 입체감이 있는 3D형이 그것이다. 이 중에서 PPT에 주로 쓰는 픽토그램은 대부분 채우기형이다. PPT를 작업할 때는 전체 분위기에 맞춰 3가지 스타일 중 하나를 골라 픽토그램을 삽입하는 것이 좋다. Before를 보면 채우기 형이 가장 눈에 들어온다는 걸 알 수 있다.

PPT 슬라이드 내용은 온라인 마케팅 중에서 소셜 미디어 마케팅, 콘텐츠 마케팅, SEO(검색 엔진 최적화) 서비스를 제공한다는 것이 핵심 메시지다. 마케팅 종류는 같은 수준의 항목이다. 같은 수준의 내용은 크기, 도형, 색을 모두 통일하는 것이 좋다. 픽토그램의 배경 역할을하는 도형 색도 한 가지 색으로 통일해보도록 하자.

📋 **예제 파일** 온라인 마케팅−Before−완성.pptx

Part 1. **온라인 마케팅**
After

소셜미디어마케팅   콘텐츠마케팅   SEO (검색엔진 최적화)

🗐 **예제 파일** 온라인 마케팅-After-완성.pptx   📁 **실습 파일** 온라인 마케팅-After-시작.pptx/그림1~3.png

만드는 법

1　　[빈 화면 슬라이드] – [삽입] 탭 – [일러스트레이션] 그룹 – [도형] – [타원]을 선택하여 `Shift` 키를 눌러 [정원]을 삽입한다.

2　　[도형 서식] 탭 – [도형 스타일] 그룹 – [도형 채우기] – [남색]을 선택한다.

3　　[도형 서식] 탭 – [도형 스타일] 그룹 – [도형 윤곽선] – [윤곽선] 없음을 선택하여 깔끔하게 마무리 한다.

4　　[삽입] 탭 – [일러스트레이션] 그룹 – [아이콘]을 선택하여 [채우기 유형]의 아이콘을 선택하여 삽입한다.

5　　[그래픽 형식] 탭 – [그래픽 스타일] 그룹 – [그래픽 채우기]에서 색을 [흰색]으로 변경한다.

6　　`Shift` 키를 누르면서 픽토그램의 크기를 조율한다.

7　　[삽입] 탭 – [텍스트] 그룹 – [텍스트 상자] – [가로 텍스트 상자 그리기]를 선택하여 텍스트 내용을 삽입한다.

8　　텍스트 서식은 [Pretendard Light, 24pt, 검정색, 매우 좁게]로 설정한다.

9   픽토그램, 원, 텍스트 상자를 마우스로 드래그하여 다중 선택한 후 <kbd>Ctrl</kbd>+<kbd>G</kbd>를 눌러 그룹화한다.

10   개체 복사 단축키 <kbd>Ctrl</kbd>+<kbd>D</kbd>를 눌러 3분할로 배열한다.

11   픽토그램을 선택한 상태에서 [마우스 오른쪽 버튼] – [그래픽 변경] – [아이콘에서]를 선택하여 아이콘을 변경한다.

12   텍스트 상자 내용을 수정하여 마무리한다.

---

07   사진과 글꼴 크기 비율 맞추기

     PPT 슬라이드를 만들 때 사진 밑에 설명으로 텍스트를 삽입하여 Before처럼 사진에 비해 글꼴이 너무 크거나 너무 작아서 균형감이 떨어지는 경우가 발생한다. 사진과 글꼴의 적절한 비율이 어느 정도 인지 고민이 된다면 사진 길이 6, 텍스트 높이 1, 또는 사진 길이 5, 텍스트 높이 1이 되도록 맞춰보자.

📑 **예제 파일** 차별점–Before–완성.pptx

Part 2, **차별점**
After

명확한 타겟팅   **채널 별 맞춤형 마케팅**   **세심한 콘텐츠 제작**

📋 **예제 파일** 차별점-After-완성.pptx   📂 **실습 파일** 차별점-시작.pptx/그림1~3.jpg

☀ 새별이 알려주는 꿀팁!

사진과 텍스트가 둘 다 잘 보이는지 빠르게 확인해보려면, 글꼴 크게/작게 단축키를 활용하여 직접 비교해 가면서 조율하는 것도 방법이다.

글꼴 크게: `Ctrl` + `Shift` + `>`   글꼴 작게: `Ctrl` + `Shift` + `<`

사진과 텍스트 비율 맞추는 법

1   [빈 화면 슬라이드] – [삽입] 탭 – [일러스트레이션] 그룹 – [도형] – [직사각형]을 삽입한다.

2   [직사각형]을 선택하여, 텍스트 높이와 동일한 높이로 변경한다.

3   `Ctrl` + `D`를 눌러 사진 높이에 맞춰서 직사각형을 연달아 삽입한다.

4   사진과 텍스트 비율을 비교해보고, 텍스트 크기를 조율한다.

5   텍스트 서식을 [굵게]로 변경한다.

┃ 사진과 텍스트 비율 맞추는 법 예시

Part 2,
차별점

명확한 타케팅　　　　**채널 별 맞춤형 마케팅**　　　　**세심한 콘텐츠 제작**

08　선과 음영으로 깔끔하게 표 정리하기

　　파워포인트의 기본 표 스타일은 음영 색이 모두 진하고, 홀수행과 짝수행의 색상이 교차되어 나타나는 디자인이기 때문에 어떤 내용을 먼저 봐야 할지 알기 어려운 경우가 많다. 기본 스타일을 모두 빼고 표를 선과 무채색 음영으로 깔끔하게 만든다는 생각으로 다듬어보자. Before 슬라이드는 광고대행사의 회사 소개서이며 타사와 비교해 우리 회사의 강점을 표로 강조하는 내용이다. 표의 양옆 테두리는 생략하고, 위아래 테두리는 굵게 넣는 것이 깔끔하다. 음영은 제목과 강조하는 행에만 넣어 강조하고 싶은 내용만 한눈에 들어오는 디자인으로 만들 수 있다.

Before

타사와 비교

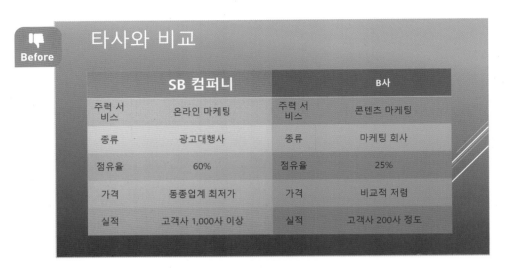

SB 컴퍼니		B사	
주력 서비스	온라인 마케팅	주력 서비스	콘텐츠 마케팅
종류	광고대행사	종류	마케팅 회사
점유율	60%	점유율	25%
가격	동종업계 최저가	가격	비교적 저렴
실적	고객사 1,000사 이상	실적	고객사 200사 정도

📋 **예제 파일** 타사와 비교-Before-완성.pptx

After

Part 2. **타사와 비교**

SB 컴퍼니		VS.	B사	
주력서비스	온라인 마케팅		주력서비스	콘텐츠 마케팅
종류	광고대행사		종류	마케팅회사
점유율	60%		점유율	25%
가격	동종 업계 최저가		가격	비교적 저렴
실적	고객사 1,000사 이상		실적	고객사 200사 정도

📋 **예제 파일** 타사와 비교-After-완성.pptx   📁 **실습 파일** 타사와 비교-After-시작.pptx

만드는 법

1 [빈 화면 슬라이드] – [삽입] 탭 – [표] 그룹 – [표]를 선택하여 표를 삽입한다. [테이블 디자인] 탭 – [표 스타일] 그룹 – [음영] – [채우기 없음]을 선택한다. [테이블 디자인] 탭 – [표 스타일] 그룹 – [테두리] – [테두리 없음]을 선택한다.

2 [테이블 디자인] 탭 – [테두리 그리기] – [펜 색] – [흰색, 배경1, 50% 더 어둡게]를 선택한다. [테이블 디자인] 탭 – [표 스타일] 그룹 – [테두리] – [안쪽 테두리]를 선택한다. [테이블 디자인] 탭 – [테두리 그리기] – [펜 색] – [검정]을 선택하고 굵기를 [2.25pt]로 변경한다.

3 [테이블 디자인] 탭 – [표 스타일] 그룹 – [테두리] – [위쪽 테두리]를 선택한다. [테이블 디자인] 탭 – [표 스타일] 그룹 – [테두리] – [아래쪽 테두리]를 선택한다.

4 이번에는 제목 서식을 변경해보겠다. 제목에 해당하는 1행을 마우스로 드래그하여 선택한 후, [표 스타일] 그룹 – [음영] – [강조1, 파란색]으로 색을 변경한다.

5 제목 텍스트 서식은 [Pretendard ExtraBold, 36pt, 흰색, 매우 좁게]로 한다. 내용 텍스트 서식은 [Pretendard Light, 23pt, 좁게]로 한다.

6 강조하고자 하는 1행은 글꼴을 2단계 정도 더 크게 키우고 굵은 글꼴로 변경한다. 강조 행은 [표 스타일] – [음영] – [주황]을 선택하여 한눈에 들어올 수 있도록 한다.

☀ 새별이 알려주는 꿀팁!

표 디자인은 아래와 같은 원칙에 따라서 다듬으면 문제될 일이 없다.
① 양쪽 테두리는 넣지 않는다.　　　　　② 위아래 테두리는 굵게 한다.
③ 가운데 테두리는 얇게 한다.　　　　　④ 제목 부분 음영은 회색으로 한다.
⑤ 제목 텍스트는 굵게, 내용 텍스트는 얇게 한다. ⑥ 강조하고 싶은 행의 음영 색은 '주황'으로 한다.

☀ 새별이 알려주는 꿀팁!

파워포인트에는 표 스타일을 저장하는 별도 기능이 없다. 파워포인트로 표를 만들 일이 많다면 워드에서 표 스타일을 저장해두자. 워드에 만든 표를 파워포인트에 붙여 넣기 한 다음 '원본 서식 유지' 메뉴를 선택하면 된다.

CHAPTER 2 | 색상 조율하기

이번 파트에서는 색상을 조율하는 방법에 대해서 알아보자. 우리말 속담에 '아 다르고 어다르다'라는 말이 있다. 이는 색상에도 해당되며 '약간의 차이가 큰 차이를 만든다'처럼 같은 내용에 색만 바꾸었을 뿐인데도 파워포인트의 전체 인상이 달라질 수 있다. 색에 대한 감각은 개인차가 있어서 다소 어렵게 느껴지는 사람도 있을 수 있지만, 몇 가지 규칙을 익히면 색을 다루기 쉬워진다. 아래의 5가지 예제를 통해 색 조율 연습을 해보자.

01 3가지 색으로 색 조합하기

📋 **예제 파일** 신규 도서 기획-Before-완성.pptx

PPT 만들면서 무슨 색을 쓰면 좋을지 고민이 가장 많이 될 때는 언제일까? 바로 기획안처럼 아이디어를 명시하는 내용을 다룰 때다. 하지만 '어떻게 하면 아이디어가 돋보일 수 있을까?'라는 고민을 하다가 모든 내용을 강조색으로 표현하는 불상사가 일어날 수도 있다.

Before는 출판사에서 신규 도서 기획의 방향성을 나타내는 내용을 담은 PPT 슬라이드이다. 마음챙김을 주제로 오디오북을 제공하자, 얇고 가벼운 책으로 만들자, 쉽게 읽히는 책을 만들자는 내용을 담으려고 했지만 디자인만 화려할 뿐 내용이 잘 읽히지 않는다. Before에서 사용한 색은 일명 무지개색이라고 불리는 고명도 고채도의 색이다. 색을 소프트한 색으로 변경해보도록 하고, 픽토그램과 3색 조합으로 바꿔보도록 하자. 색은 톤으로 묶어서 표현할 수 있는데, 이전 색 조합은 '선명한' 톤에 해당하는 색이다. '마음챙김'을 주제로 가볍게 읽을 수 있는 책이 아이디어의 핵심이므로, 편안하고 따뜻한 느낌을 주는 '연한', '밝은' 그룹과 가까운 톤의 유사 조합으로 변경해보았다.

📋 **예제 파일** 신규 도서 기획-After-완성.pptx   📁 **실습 파일** 신규 도서 기획-After-시작.pptx/그림1~3.png

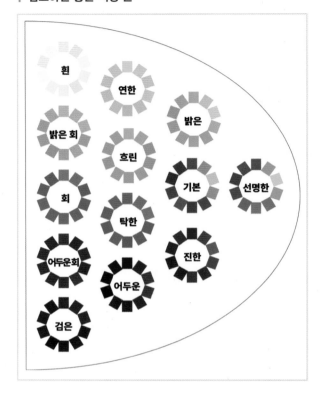

색상 선택이 어렵다면 '톤' 그룹을 참고하여, 컬러 헌트colorhunt.co 웹사이트의 컬러 팔레트를 참고해보도록 하자.

만드는 법

1 [빈 화면 슬라이드] – [삽입] 탭 – [이미지] 그룹 – [그림] – [이 디바이스]를 선택하여 색상을 참고할 이미지를 불러온다.

2 [삽입] 탭 – [일러스트레이션] 그룹 – [도형] – [타원]을 선택한 후, Shift 키를 눌러 [정원]을 삽입한다.

3 [도형 서식] 탭 – [도형 스타일] 그룹 – [도형 채우기] – [색] – [스포이트]를 눌러 참고할 이미지에서 색을 추출하여 적용한다.

4 [도형 서식] 탭 – [도형 스타일] 그룹 – [도형 윤곽선] – [윤곽선 없음]을 선택한다.

5 [삽입] 탭 – [텍스트] 그룹 – [텍스트 상자] – [가로 텍스트 상자 그리기]를 선택하여 텍스트를 삽입한다.

6 [삽입] 탭 – [일러스트레이션] 그룹 – [아이콘]을 선택하여 내용과 어울리는 픽토그램을 삽입한다.

7 그룹화 단축키 `Ctrl`+`G`를 눌러 하나의 개체로 만든 후 개체 복사 단축키 `Ctrl`+`D`로 복사하여 3개로 만든다.

8 아이콘을 선택한 상태에서 [마우스 오른쪽 버튼] – [그래픽 변경]을 눌러 내용에 맞게 픽토그램을 변경한다.

9 원을 선택한 상태에서 [도형 서식] 탭 – [도형 스타일] 그룹 – [도형 채우기] – [색] – [스포이트]를 눌러 이미지에서 색을 추출하여 색을 변경한다.

10 [마우스 오른쪽 버튼] – [도형 서식] – [도형 채우기] – [투명도 값] – [0~30%] 사이에서 조율하여 톤을 맞춘다.

11 텍스트를 수정한 후 완성한다.

02 배경색은 무채색으로 맞추기

　일명 안 좋은 PPT 사례로 유명한 '보노보노 PPT'의 경우 배경인 보노보노가 눈에 잘 띄고, 내용은 잘 보이지 않는다는 단점이 있다. 이처럼 PPT 슬라이드에서 배경의 역할은 중요하다. 국어사전에서 배경의 정의를 찾아보면, 뒤쪽의 경치라는 뜻이 있다. 또 앞에 드러나지 아니한 채 뒤에서 돌보아 주는 힘이라는 뜻이 있다. 이처럼 배경은 내용을 뒷받침하는 역할이기 때문에 화려한 그라데이션 효과를 넣거나 그래픽을 넣는 것보다 무채색으로 처리하는 것이 좋다. Before의 경우, 신규 도서 기획에 대한 내용을 픽토그램으로 표현한 슬라이드인데 배경색이 굉장히 화려하다. 배경 서식을 흰색으로 변경하고 원의 색상을 내용에 맞춰 부드럽게 바꿔보자.

目 **예제 파일** 신규 도서 기획—Before—완성.pptx

Part 3. **신규 도서 기획 방향**

마음에 비가 내리고   말할 수 없는 수 많은 마음들   책을 통해 마음 회복

📑 **예제 파일** 신규 도서 기획–After–완성.pptx   🗁 **실습 파일** 신규 도서 기획–After–시작.pptx/그림1~3.png

만드는 법

1   [빈 화면 슬라이드] – [마우스 오른쪽 버튼] – [배경 서식]을 선택한다.

2   [채우기] – [단색 채우기] – [흰색]을 선택한다.

3   제목 바에 삽입된 직사각형과 타원 색을 동일한 색상으로 변경한다.

☀ 새별이 알려주는 꿀팁!

내용 색에 따라서 가장 내용이 잘 보이는 무채색을 선택하면 좋다. 배경색의 명도에 따라 글꼴 색을 검정 또는 흰색으로 맞추어 글씨가 잘 보이도록 조율하자.

03 글꼴과 배경색이 대조되게 하기

Before PPT의 경우, 전체적인 PPT 분위기에 맞추어 글꼴 색을 톤-온-톤(같은 색상에서 채도나 명도의 차이를 두는 배색 법) 배색으로 작업하여 텍스트가 안 보이는 상황이다. 슬라이드 내용과 어울리게 '부드러운' 색으로 텍스트 상자의 배경색을 채우고 글꼴 색은 회색으로 처리해보자.

📰 **예제 파일** 신규 도서 기획-Before-완성.pptx

Part 3. **신규 도서 기획 방향**

지친 일상에서 벗어나 나를 찾는 여행

책을 통해 자존감 회복

📑 **예제 파일** 신규 도서 기획-After-완성.pptx   📁 **실습 파일** 신규 도서 기획-After-시작.pptx/그림1~2.jpg

만드는 법

1　[삽입] 탭 – [일러스트레이션] 그룹 – [도형] – [직사각형]을 선택하여 텍스트 배경 역할을 할 사각형을 삽입한다.

2　[도형 서식] 탭 – [도형 스타일] 그룹 – [도형 채우기] – [색]을 선택하여 PPT 슬라이드 전체 분위기와 어울리면서도 연한/흐린 톤에 해당하는 색상으로 변경한다.

3　[삽입] 탭 – [텍스트] 그룹 – [텍스트 상자] – [가로 텍스트 상자 그리기]를 선택하여 텍스트를 삽입한다.

> ☀ **새별이 알려주는 꿀팁!**
>
> 색의 명도 대비를 측정할 수 있는 웹사이트가 있다. 웹 접근성 기준에 따라 웹사이트는 저시력자, 고령자 등도 인식할 수 있도록 콘텐츠와 배경 간의 명도 대비는 4.5:1 이상이어야 한다. 웹 접근성이란 장애를 가진 사람과 장애를 가지지 않은 사람 모두가 웹사이트를 이용할 수 있게 하는 방식을 말하는데, PPT도 여러 사람이 보는 자료이기 때문에 텍스트가 명료하게 보이도록 동일한 기준을 적용해보자.

PART 4 | 4단계 시각 자료와 색상 편집하기　163

Colour Contrast Check

snook.ca/technical/colour_contrast/colour.html#fg=33FF33,bg=333333

위의 사이트에서 Before 슬라이드의 헥스 컬러 코드 값을 입력하면, 명도 대비 결과가 전부 'NO' 라고 뜬 걸 볼 수 있다.

1. 왼쪽 노란색 텍스트 상자

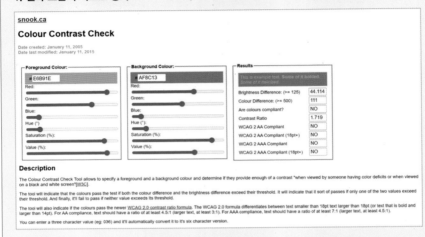

2. 오른쪽 초록색 텍스트 상자

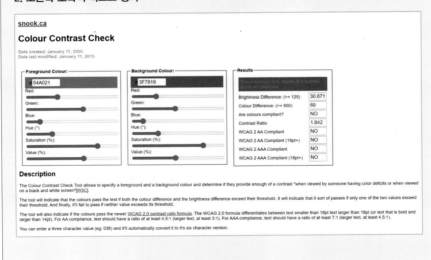

After 슬라이드의 경우 명도 대비 결과가 전부 'YES'로 나온 걸 볼 수 있다.

snook.ca

Colour Contrast Check

Date created: January 11, 2005
Date last modified: January 11, 2015

Foreground Colour:

EED6BC

Red:
Green:
Blue:
Hue (°):
Saturation (%):
Value (%):

Background Colour:

262626

Red:
Green:
Blue:
Hue (°):
Saturation (%):
Value (%):

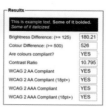

Results

This is example text. **Some of it bolded.**
Some of it italicized

Brightness Difference: (>= 125)	180.21
Colour Difference: (>= 500)	526
Are colours compliant?	YES
Contrast Ratio	10.795
WCAG 2 AA Compliant	YES
WCAG 2 AA Compliant (18pt+)	YES
WCAG 2 AAA Compliant	YES
WCAG 2 AAA Compliant (18pt+)	YES

Description

The Colour Contrast Check Tool allows to specify a foreground and a background colour and determine if they provide enough of a contrast "when viewed by someone having color deficits or when viewed on a black and white screen"[W3C].

The tool will indicate that the colours pass the test if both the colour difference and the brightness difference exceed their threshold. It will indicate that it sort of passes if only one of the two values exceed their threshold. And finally, it'll fail to pass if neither value exceeds its threshold.

The tool will also indicate if the colours pass the newer WCAG 2.0 contrast ratio formula. The WCAG 2.0 formula differentiates between text smaller than 18pt text larger than 18pt (or text that is bold and larger than 14pt). For AA compliance, text should have a ratio of at least 4.5:1 (larger text, at least 3:1). For AAA compliance, text should have a ratio of at least 7:1 (larger text, at least 4.5:1).

You can enter a three character value (eg: 036) and it'll automatically convert it to it's six character version.

04 그래프의 주요 데이터는 강조색, 나머지는 무채색으로 표현하기

차트의 경우, 색 조합에 따라 메시지 전달이 곡해될 수 있다. 예를 들어 중요하지 않은 작은 숫자의 데이터에 빨간색을 쓰고, 크고 중요한 데이터에 초록색을 사용하는 경우다. Before 슬라이드의 경우, 강조하고자 하는 메시지는 '항목1'의 비율이다. 그런데 색상 때문에 '항목4'만 눈에 들어오는 걸 알 수 있다. 강조하고자 하는 부분에는 선명한 색상을 사용하고, 나머지 항목은 무채색으로 처리하여 명확한 메시지 전달을 할 수 있도록 바꿔보자.

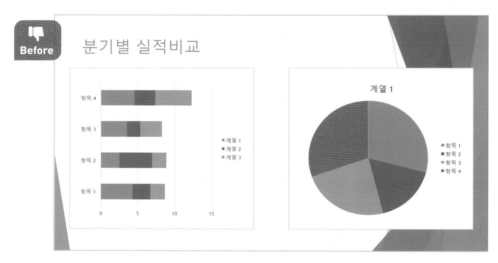

📋 **예제 파일** 분기별 실적 비교-Before-완성.pptx

Part 3,
분기별 실적 비교

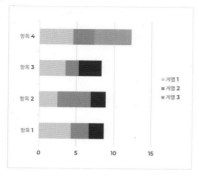
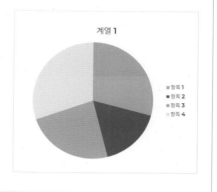

▤ **예제 파일** 분기별 실적 비교–After–완성.pptx   ☐ **실습 파일** 분기별 실적 비교–After–시작.pptx

만드는 법

1 [삽입] 탭 – [일러스트레이션] 그룹 – [차트]에서 [가로 막대형]을 선택하여 차트를 삽입한다.

2 [차트 디자인] 탭 – [차트 스타일 그룹] – [색 변경] 그룹을 선택하여 색상 팔레트를 [무채색]으로 변경한다.

3 바꾸고자 하는 항목을 클릭한 후, [서식] 탭 – [도형 스타일] – [도형 채우기] – [색]에서 [주황]을 선택하여 색상을 변경한다.

☀ 새별이 알려주는 꿀팁!

파워포인트에서 차트 항목의 색상을 변경할 때, 한 번 클릭하면 계열 전체가 선택된다. 1개의 항목만 선택하고 싶은 경우 총 2번 클릭하면 된다.
일반적으로 주목성이 강한 색은 주황(YR), 빨강(R), 노랑(Y), 연두(YG), 파랑(B), 녹색(G), 검정(Bk), 보라(Violet), 회색(Gray) 순이다. 이 점을 참고하여 그래프 색을 변경하면 데이터를 통한 메시지 전달이 명확해질 수 있다.

PART 5

5단계
나만의
PPT 템플릿
만들기

PART 5에서는 PART 1부터 학습한 깔끔하고 세련된 PPT 만드는 방법을 토대로 '슬라이드 마스터' 상에서 PPT 템플릿을 만들어볼 것이다.

| Preview |

🖹 **예제 파일** 나만의 템플릿-완성.pptx

01 도형과 사진으로 깔끔하고 세련된 표지 만들기

깔끔하고 세련된 표지를 만들려면 '세련된 사진'이 필요하다. 사진은 언스플래쉬unsplash. com에서 찾아보는 것을 추천한다. Preview 이미지처럼 깔끔한 사진을 찾는 경우에는 추상적인Abstract이라는 키워드를 활용하면 좋다. 피사체가 1개만 나와 있고 색상이 거의 없거나 한 가지 '톤'으로 정돈된 사진이 표지 사진으로 매우 적합하다.

사진을 준비했다면 다음으로 필요한 것은 깔끔한 '글꼴'인데 글꼴은 산세리프 계열을 사용하면 좋다. 영문 글꼴로 추천하는 것은 몬세라트Montserrat체, 베바스Bebas체 등이다. 한글 글꼴은 네이버 나눔고딕, 네이버 나눔스퀘어, 에스코어 드림, 프리텐다드 등을 추천한다.

| Preview |

▤ **예제 파일** 표지 만들기-완성.pptx ▢ **실습 파일** 표지 만들기-시작.pptx/그림1.jpg

만드는 법

1   [표지 만들기-시작.pptx] 파일을 불러온다.

2   [보기] 탭 – [마스터 보기] 그룹 – [슬라이드 마스터]를 선택하여 슬라이드 마스터 메뉴로 진입한다.

3   [슬라이드 마스터] 탭 – [마스터 편집] – [레이아웃 삽입]을 눌러 새 레이아웃을 삽입한다.

4   **Ctrl**+**A**를 눌러 개체를 전체 선택하고 개체 틀을 전부 삭제한다.

5   [삽입] 탭 – [이미지] 그룹 – [그림] – [이 디바이스]를 선택하고, [그림1.jpg]파일을 불러온다.

6   **Shift** 키를 누르면서 마우스로 드래그하여 슬라이드에 꽉 차도록 크기를 조율한다.

7   [셰이프 형식] 탭 – [크기] 그룹 – [자르기] 메뉴를 선택하여 슬라이드 크기와 동일한 크기로 사진을 자른다.

8   [삽입] 탭 – [일러스트레이션] 그룹 – [도형] – [직각 삼각형]을 선택하고, 마우스로 드래그하여 삼각형을 삽입한다. 삼각형의 크기는 세로 [2.9cm], 가로 [9.31cm]로 한다.

9   삼각형이 좌측 하단에 위치하도록 마우스와 키보드의 화살표 키로 조율한다.

10   **Ctrl** 키를 누르고 마우스로 드래그하여 도형을 복사한다.

11   [도형 서식] 탭 – [도형 옵션] – [크기 및 옵션]을 클릭하여 [회전] – [180]을 입력한다.

12   삼각형이 우측 상단에 위치하도록 마우스와 키보드의 화살표 키로 조율한다.

13   제목에 해당하는 텍스트 상자를 삽입해보자. [삽입] 탭 – [텍스트] 그룹 – [텍스트 상자] – [가로 텍스트 상자] 그리기를 선택하여 'STARTUP'이라고 입력한다. 이때 서식 설정은 [Montserrat Black, 88pt]으로 한다.

14   **Ctrl**+**E**를 눌러 텍스트 상자를 가운데로 정렬한다.

15   마스터 레이아웃에 마우스 커서를 두고 [마우스 오른쪽 버튼] – [레이아웃 이름 바꾸기]를 눌러 '표지 슬라이드'를 입력하여 레이아웃 이름을 변경한다.

02 흐름이 잘 보이는 목차 만들기

목차 디자인은 '의외로 만들기 어려운 슬라이드' 중 하나다. 목차의 경우 들어가는 내용이 크게 다르지 않기 때문이다. 목차 슬라이드에 삽입하는 개체는 일반적으로 아래와 같다.

> 텍스트: 목차, 목차를 나타내는 숫자 (1, 2, 3, 4…), 목차에 해당하는 제목
> 이미지: PPT 전체 분위기를 나타내는 사진, 회사 로고

목차를 디자인하는 방법은 2가지로 나뉠 수 있다. 하나는 가로 방향으로 배열, 다른 하나는 세로 방향으로 배열하는 것이다.

| 가로 배열 목차 디자인 VS 세로 배열 목차 디자인

위의 2가지 스타일에서 사진을 추가하거나 선과 직사각형 등 도형적인 요소를 추가하는 방식으로 변형시켜 목차 디자인을 완성할 수 있다. 사진을 추가하여 표현하는 방법은 크게 어렵지 않으므로 도형을 추가하여 목차를 만들어보자.

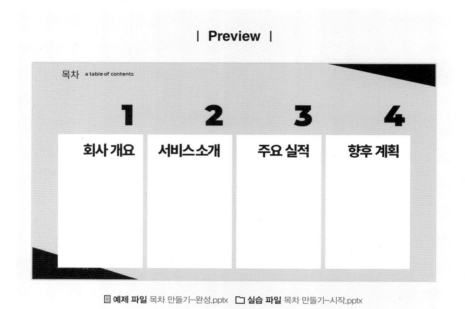

| Preview |

📋 **예제 파일** 목차 만들기–완성.pptx   📁 **실습 파일** 목차 만들기–시작.pptx

만드는 법

1   [목차 만들기–시작.pptx] 파일을 불러온다.

2   [보기] 탭 – [마스터 보기] 그룹 – [슬라이드 마스터]를 선택하여 슬라이드 마스터 메뉴로 진입한다.

3   [슬라이드 마스터] 탭 – [마스터 편집] – [레이아웃 삽입]을 눌러 새 레이아웃을 삽입한다.

4 `Ctrl`+`A`를 눌러 개체를 전체 선택하고 개체 틀을 전부 삭제한다.

5 [마우스 오른쪽 버튼] – [배경 서식] – [채우기] – [단색 채우기] – [색, 밝은 회색 강조 4]를 선택하여 배경색을 변경한다.

6 [삽입] 탭 – [텍스트] 그룹 – [텍스트 상자] – [가로 텍스트 상자] 그리기를 선택하여 숫자 '1'을 삽입한다.

7 이때, 숫자 서식은 [Montserrat Black, 72pt, 진한 청록]으로 변경한다.

8 `Ctrl`+`R`를 눌러 오른쪽 정렬한다.

9 [삽입] 탭 – [텍스트] 그룹 – [텍스트 상자] – [가로 텍스트 상자] 그리기를 선택하여 소제목에 해당하는 내용(예: 회사 개요)을 입력한다.

10 이때 서식은 [Pretendard ExtraBold, 36pt, 진한 청록, 매우 좁게]로 한다. `Ctrl`+`R`를 눌러 오른쪽 정렬한다.

11 소제목의 배경 역할을 해줄 흰색 직사각형을 삽입해보자. [삽입] 탭 – [일러스트레이션] 그룹 – [도형] – [직사각형]을 선택한 후, 마우스로 드래그하여 삽입한다.

12 [마우스 오른쪽 버튼] – [도형 서식] – [채우기] – [단색 채우기] – [색] – [흰색]으로 변경하고, [윤곽선] – [윤곽선 없음]을 선택하여 윤곽선이 없는 흰색 직사각형을 만든다. 직사각형의 크기는 [셰이프 형식] 탭 – [크기]에서 변경할 수 있으며, 가로 [7.1cm], 세로 [10.7cm]로 한다.

13 흰색 직사각형을 선택한 상태에서 [마우스 오른쪽 버튼] – [맨 뒤로 보내기]를 클릭하여 글꼴과 숫자를 가리지 않고 배경에 위치할 수 있도록 한다.

14 마우스로 드래그하여 직사각형, 숫자 텍스트 상자, 내용 텍스트 상자를 다중 선택한 후 `Ctrl`+`G`를 눌러 하나의 개체로 만든다.

15 `Ctrl`+`D`를 눌러 개체를 복사하여 총 4개의 세트를 만든 후 텍스트를 수정한다.

16 [홈] 탭 – [그리기] 그룹 – [정렬] – [맞춤] – [세로 간격을 동일하게]로 간격을 조율한다.

17 포인트가 될 삼각형을 삽입해보자. [삽입] 탭 – [일러스트레이션] 그룹 – [도형] – [직각 삼각형]을 선택하고, 마우스로 드래그하여 좌측 하단에 삽입한다. 삼각형의 크기는 세로 [2.9cm], 가로 [9.31cm]로 한다.

18 [마우스 오른쪽 버튼] – [도형 서식] – [선] – [윤곽선 없음]을 선택하여 윤곽선을 없앤다.

19 삼각형을 선택한 상태에서 **Ctrl** 키를 누르고 마우스로 드래그하여 삼각형을 1개 더 복사한 다음, [셰이프 형식] 탭 – [정렬] 그룹 – [회전] – [오른쪽으로 90도 회전]을 2번 눌러 회전 시킨 후 우측 상단에 배치한다.

20 [삽입] 탭 – [텍스트] 그룹 – [텍스트 상자] – [가로 텍스트 상자] 그리기를 선택하여, '목차'라고 입력한다. 이때 목차 서식은 [Pretendard, 24pt, 진한 청록, 매우 좁게]로 한다.

21 마스터 레이아웃에 마우스 커서를 두고 [마우스 오른쪽 버튼] – [레이아웃 이름 바꾸기]를 눌러 '목차 슬라이드'를 입력하여 레이아웃 이름을 변경한다.

> ☀ **새별이 알려주는 꿀팁!**
>
> 목차를 디자인할 때 '1.'처럼 숫자 옆에 점을 찍는 사람들이 있는데 점은 생략하고 숫자와 내용 텍스트를 각각 별도의 텍스트 상자로 입력하여 디자인하는 것이 깔끔하다.

03 사진으로 소표지 만들기

이번에는 내용을 구분하는 역할을 하는 소표지를 만들어 보자. 제목 표지보다는 사진의 인상이 덜 강렬하지만 전체적으로 통일성 있는 사진을 선택해야 한다. 이때 표지 슬라이드 작업 시 후보로 두었던 사진을 소표지의 배경 사진으로 활용하면 좋다. 흰색 또는 검정색의 반투명 도형으로 사진이 흐릿하게 보이게 처리한 후, 파트 번호와 소제목을 텍스트를 넣으면 간단히 소표지를 완성할 수 있다.

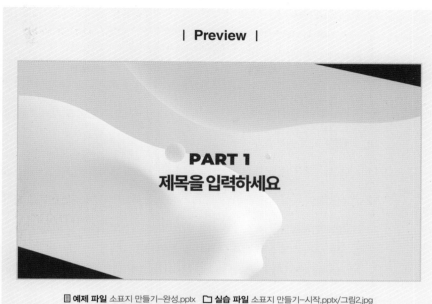

| Preview |

PART 1
제목을 입력하세요

📄 **예제 파일** 소표지 만들기-완성.pptx   📁 **실습 파일** 소표지 만들기-시작.pptx/그림2.jpg

만드는 법

1   [소표지 만들기-시작.pptx] 파일을 불러온다.

2   [보기] 탭 – [마스터 보기] 그룹 – [슬라이드 마스터]를 선택하여 슬라이드 마스터 메뉴
    로 진입한다.

3   [슬라이드 마스터] 탭 – [마스터 편집] – [레이아웃 삽입]을 눌러 새 레이아웃을 삽입
    한다.

4   Ctrl + A 를 눌러 개체를 전체 선택하고 개체 틀을 전부 삭제한다.

5   [삽입] 탭 – [이미지] 그룹 – [그림] – [이 디바이스]를 선택하고, [그림2.jpg]를 불러
    온다.

6   Shift 키를 누르면서 마우스로 드래그하여 슬라이드에 꽉 차도록 크기를 조율한다.

7 [셰이프 형식] 탭 – [크기] 그룹 – [자르기] 메뉴를 선택하여 슬라이드 크기와 동일한 크기로 사진을 자른다.

8 [삽입] 탭 – [일러스트레이션] 그룹 – [도형] – [직각 삼각형]을 선택하고, 마우스로 드래그하여 삼각형을 삽입한다. 삼각형의 크기는 세로 [2.9cm], 가로 [9.31cm]로 한다.

9 삼각형이 좌측 하단에 위치하도록 마우스와 키보드의 화살표 키로 조율한다.

10 `Ctrl` 키를 눌러 마우스로 드래그하여 도형을 복사한다.

11 [도형 서식] 탭 – [도형 옵션] – [크기 및 옵션]을 클릭하여 [회전] – [180]을 입력한다.

12 삼각형이 우측 상단에 위치하도록 마우스와 키보드의 화살표 키로 조율한다.

13 제목에 해당하는 텍스트 상자를 삽입해보자. [삽입] 탭 – [텍스트] 그룹 – [텍스트 상자] – [가로 텍스트 상자 그리기]를 선택하여 '제목을 입력하세요'라고 입력한다. 이때 서식 설정은 [Pretendard ExtraBold, 44pt, 진한 청록, 매우 좁게]로 한다.

14 `Ctrl`+`E`를 눌러 텍스트 상자를 가운데로 정렬한다.

15 이번에는 'Part 1' 텍스트 상자를 삽입하자. [삽입] 탭 – [텍스트] 그룹 – [텍스트 상자] – [가로 텍스트 상자 그리기]를 선택하여 'Part 1'이라고 입력한다. 서식 설정은 [Montserrat Black, 40pt]로 한다.

16 `Alt`+`F9`를 눌러 눈금자선을 보이게 하고, 키보드 화살표 키로 텍스트 상자를 가운데에 놓는다.

17 마스터 레이아웃에 마우스 커서를 두고 [마우스 오른쪽 버튼] – [레이아웃 이름 바꾸기]를 눌러 '소표지 슬라이드'라고 입력하여 레이아웃 이름을 변경한다.

내용 레이아웃(제목 바) 만들기

이번에는 내용 슬라이드의 기본적인 디자인 틀이 될, '제목 영역'을 만들어보자. 제목 영역에 해당하는 부분의 디자인은 제목 텍스트만 삽입할 경우 허전한 느낌이 든다. 어떻게 디자인하면 좋을지 모르겠거나 감각이 없는 사람에게는 굉장히 어렵게 느껴질 수 있다. 제목 영역을 디자인하는 방법은 무궁무진하지만 총 5가지 사례를 통해서 연습해보자.

직사각형을 제목의 배경으로 넣어 디자인하기

| Preview |

Part1 스타트업 소개서

📋 **예제 파일** 내용 레이아웃 만들기-완성.pptx   📁 **실습 파일** 내용 레이아웃 만들기-시작.pptx

만드는 법

1   [내용 레이아웃 만들기-시작.pptx] 파일을 불러온다.

2   [보기] 탭 – [마스터 보기] 그룹 – [슬라이드 마스터]를 선택하여 슬라이드 마스터 메뉴
    로 진입한다.

3   [슬라이드 마스터] 탭 – [마스터 편집] – [레이아웃 삽입]을 눌러 새 레이아웃을 삽입
    한다.

4   하단 부분에 있는 [날짜]와 [바닥글], [페이지 번호 개체]는 Delete 키를 눌러 삭제한다.

5   [삽입] 탭 – [일러스트레이션] 그룹 – [도형] – [직사각형]을 선택한 후, 마우스로 드래
    그하여 상단에 삽입한다. 직사각형 크기는 가로 [33.87cm], 세로 [3.03cm]로 한다.

6   [마우스 오른쪽 버튼] – [도형 서식] – [선] – [윤곽선 없음]을 선택한다.

7   직사각형을 선택한 상태에서 [마우스 오른쪽 버튼] – [맨 뒤로 보내기]를 누른다.

8   제목 틀 텍스트 색을 변경하고 제목 틀 크기도 함께 바꿔보자. [홈] 탭 – [글꼴] 그룹에
    서 제목 틀의 텍스트 색상을 [흰색]으로 변경하고, 텍스트 높이에 맞춰 텍스트 상자 크
    기를 작게 줄인다. [셰이프 형식] – [크기] 그룹에서 세로 [1.72cm]로 변경할 수 있다.

9   이번에는 Part 1을 세로로 길게 넣어보자. [삽입] 탭 – [텍스트] 그룹 – [텍스트 상자]
    – [세로 텍스트 상자] 선택한 후 'Part 1'이라고 입력한다. 이때 서식은 [Montserrat
    SemiBold, 10.5pt, 흰색]으로 한다.

10 마스터 레이아웃에 마우스 커서를 두고 [마우스 오른쪽 버튼] – [레이아웃 이름 바꾸
    기]를 눌러 '내용 슬라이드 1'를 입력하여 레이아웃 이름을 변경한다.

선으로 제목 영역 디자인하기

| Preview |

| Part1 | 스타트업 소개서 |

📱 **예제 파일** 내용 레이아웃 만들기2−완성.pptx 📁 **실습 파일** 내용 레이아웃 만들기2−시작.pptx

만드는 법

1   [내용 레이아웃 만들기2−시작.pptx] 파일을 불러온다.

2   [보기] 탭 − [마스터 보기] 그룹 − [슬라이드 마스터]를 선택하여 슬라이드 마스터 메뉴 로 진입한다.

3   [슬라이드 마스터] 탭 − [마스터 편집] − [레이아웃 삽입]을 눌러 새 레이아웃을 삽입 한다.

4   하단 부분에 있는 [날짜]와 [바닥글], [페이지 번호 개체]는 Delete 키를 눌러 삭제한다.

5   '마스터 제목 스타일 편집' 부분의 크기를 텍스트 높이에 맞춰 작게 줄여준다. [셰이프 형식] − [크기] 그룹에서 세로 [1.72cm]로 변경할 수 있다.

6 [삽입] 탭 – [일러스트레이션] 그룹 – [도형] – [선]을 선택한 후, **Shift** 키를 누르면서 마우스로 드래그하여 [직선]을 '제목 틀' 하단에 삽입한다. 선의 길이는 [31cm]로 한다.

7 **Ctrl** 키를 눌러 선을 복사하고, '제목 틀' 상단에 배치한다.

8 [삽입] 탭 – [텍스트] 그룹 – [텍스트 상자] – [가로 텍스트 상자 그리기]를 선택하여 'Part 1'을 삽입한다. 서식은 [Montserrat SemiBold, 10.5pt, 검정색]으로 한다.

9 [삽입] 탭 – [일러스트레이션] 그룹 – [도형] – [선]을 선택한 후, **Shift** 키를 누르면서 마우스로 드래그하여 직선을 'Part 1' 텍스트 하단에 삽입한다. 선의 길이는 [1.9cm]로 한다.

10 **Ctrl** 키를 눌러 선을 복사하고, 'Part 1' 텍스트 상단에 배치한다.

11 [삽입] 탭 – [일러스트레이션] 그룹 – [도형] – [선]을 선택한 후, **Shift** 키를 누르면서 마우스로 드래그하여 직선을 '슬라이드 하단'에 삽입한다. 선의 길이는 [33.5cm]로 한다.

12 마스터 레이아웃에 마우스 커서를 두고 [마우스 오른쪽 버튼] – [레이아웃 이름 바꾸기]를 눌러 '내용 슬라이드 2'를 입력하여 레이아웃 이름을 변경한다.

| Preview |

Part1 스타트업 소개서

📄 **예제 파일** 내용 레이아웃 만들기3-완성.pptx 📁 **실습 파일** 내용 레이아웃 만들기3-시작.pptx

만드는 법

1   [내용 레이아웃 만들기3-시작.pptx] 파일을 불러온다.

2   [보기] 탭 – [마스터 보기] 그룹 – [슬라이드 마스터]를 선택하여 슬라이드 마스터 메뉴로 진입한다.

3   [슬라이드 마스터] 탭 – [마스터 편집] – [레이아웃 삽입]을 눌러 새 레이아웃을 삽입한다.

4   하단 부분에 있는 [날짜]와 [바닥글], [페이지 번호 개체]는 Delete 키를 눌러 삭제한다.

5   '마스터 제목 스타일 편집' 부분의 크기를 텍스트 높이에 맞춰서 작게 줄여준다. [셰이프 형식] – [크기] 그룹에서 세로 [1.72cm]로 변경할 수 있다.

6   [삽입] 탭 – [일러스트레이션] 그룹 – [도형] – [선]을 선택한 후 Shift 키를 눌러 마우스를 드래그하여 직선을 삽입한다. 직선은 제목 틀 하단에 배치하고 길이는 [32.56cm]로 한다.

7   [삽입] 탭 – [텍스트] 그룹 – [텍스트 상자] – [세로 텍스트 상자]를 선택한 후 'Part 1'이라고 입력하고 좌측 상단에 배치한다. 이때 서식은 [Montserrat SemiBold, 10.5pt, 흰색]으로 한다.

8   포인트가 될 삼각형을 넣어보자. [삽입] 탭 – [일러스트레이션] 그룹 – [도형] – [직각 삼각형]을 선택한 후 마우스로 드래그하여 삽입한다. 크기는 가로 [2.81cm], 세로 [1.05cm]로 한다.

9   [도형 서식] 탭 – [도형 옵션] – [크기 및 옵션]을 클릭하고, [회전] – [180]을 입력하여 삼각형을 회전시킨 후 우측 상단에 배치한다.

10   [마우스 오른쪽 버튼] – [도형 서식] – [선] – [윤곽선 없음]을 선택하여 윤곽선을 없애준다.

11   마스터 레이아웃에 마우스 커서를 두고 [마우스 오른쪽 버튼] – [레이아웃 이름 바꾸기]를 눌러 '내용 슬라이드 3'를 입력하여 레이아웃 이름을 변경한다.

직사각형을 넣어 잡지 스타일로 디자인하기

| Preview |

Part 1
스타트업 소개서

📋 **예제 파일** 내용 레이아웃 만들기4-완성.pptx   📁 **실습 파일** 내용 레이아웃 만들기4-시작.pptx

만드는 법

1   [내용 레이아웃 만들기4-시작.pptx] 파일을 불러온다.

2   [보기] 탭 – [마스터 보기] 그룹 – [슬라이드 마스터]를 선택하여 슬라이드 마스터 메뉴로 진입한다.

3   [슬라이드 마스터] 탭 – [마스터 편집] – [레이아웃 삽입]을 눌러 새 레이아웃을 삽입한다.

4   하단 부분에 있는 [날짜]와 [바닥글], [페이지 번호 개체]는 Delete 키를 눌러 삭제한다.

5   '마스터 제목 스타일 편집' 부분의 크기를 텍스트 높이에 맞춰서 작게 줄여준다. [셰이프 형식] – [크기] 그룹에서 세로 [1.72cm]로 변경할 수도 있다.

6 [삽입] 탭 – [일러스트레이션] 그룹 – [도형] – [선]을 선택한 후, Shift 키를 누르면서 마우스로 드래그하여 직선을 '제목 틀' 하단에 삽입한다. 선의 길이는 [31cm]로 한다.

7 Ctrl 키를 눌러 선을 복사하고, '제목 틀' 상단에 배치한다.

8 [삽입] 탭 – [일러스트레이션] 그룹 – [도형] – [직사각형]을 선택한 후, 마우스로 드래그하여 좌측 상단에 삽입한다. 이때 직사각형 크기는 가로 [1.5cm], 세로 [0.4cm]로 한다.

9 직사각형 하단에 'Part 1' 텍스트를 삽입해보자. [삽입] 탭 – [텍스트] 그룹 – [텍스트 상자] – [세로 텍스트 상자]를 선택한 후 'Part 1'을 입력하고 직사각형 아래에 배치한다. 이때 서식은 [Montserrat SemiBold, 10.5pt, 흰색]으로 한다.

10 마스터 레이아웃에 마우스 커서를 두고 [마우스 오른쪽 버튼] – [레이아웃 이름 바꾸기]를 눌러 '내용 슬라이드 4'를 입력하여 레이아웃 이름을 변경한다.

| Preview |

Part 1 스타트업 소개서

📄 **예제 파일** 내용 레이아웃 만들기5-완성.pptx   📁 **실습 파일** 내용 레이아웃 만들기5-시작.pptx

만드는 법

1   [내용 레이아웃 만들기5-시작.pptx] 파일을 불러온다.

2   [보기] 탭 – [마스터 보기] 그룹 – [슬라이드 마스터]를 선택하여 슬라이드 마스터 메뉴로 진입한다.

3   [슬라이드 마스터] 탭 – [마스터 편집] – [레이아웃 삽입]을 눌러 새 레이아웃을 삽입한다.

4   하단 부분에 있는 [날짜]와 [바닥글], [페이지 번호 개체]는 Delete 키를 눌러 삭제한다.

5   '마스터 제목 스타일 편집' 부분의 크기를 텍스트 높이에 맞춰서 작게 줄여준다. [셰이프 형식] – [크기] 그룹에서 세로 [1.72cm]로 변경할 수도 있다.

6　[삽입] 탭 – [일러스트레이션] 그룹 – [도형] – [선]을 선택한 후, Shift 키를 누르면서 마우스로 드래그하여 직선을 '제목 틀' 하단에 삽입한다. 선의 길이는 [31cm]로 한다.

7　[삽입] 탭 – [일러스트레이션] 그룹 – [도형] – [직사각형]을 선택하고 마우스를 드래그하여 직사각형을 가로로 길게 삽입한다. 크기는 가로 [1.5cm], 세로 [0.4cm]로 한다.

8　[삽입] 탭 – [일러스트레이션] 그룹 – [도형] – [직사각형]을 선택하고 마우스를 드래그하여 직사각형을 세로로 길게 삽입한다. 크기는 가로 [0.4cm], 가로 [1.5cm]로 한다.

9　세로로 긴 직사각형의 색상을 변경해보자. [마우스 오른쪽 버튼] – [도형 서식] – [채우기] – [단색 채우기] – [색] – [강조2]로 색상을 변경한다.

10　마스터 레이아웃에 마우스 커서를 두고 [마우스 오른쪽 버튼] – [레이아웃 이름 바꾸기]를 눌러 '내용 슬라이드 5'를 입력하여 레이아웃 이름을 변경한다.

05　테마를 저장하여 다른 PPT에 적용하기

지금까지 만든 슬라이드 마스터 레이아웃을 테마로 저장하여 다른 PPT 파일에 적용시켜보자.

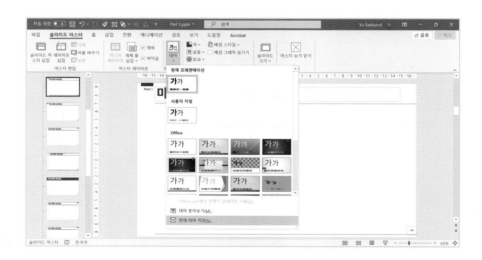

만드는 법

1   [슬라이드 마스터] 탭 – [테마 편집] 그룹 – [테마] – [현재 테마 저장]을 눌러 테마를
    저장한다.

2   **Ctrl**+**N**을 눌러 [새 프레젠테이션]을 생성한다.

3   **Ctrl**+**Shift**+**S**를 눌러 다른 이름으로 새 프레젠테이션을 저장한다.

4   [보기] 탭 – [마스터 보기] 그룹 – [슬라이드 마스터]를 선택하여 슬라이드 마스터 메뉴
    로 진입한다.

5   [슬라이드 마스터] 탭 – [테마 편집] 그룹 – [테마] – [테마 찾아보기]를 눌러 저장한 테
    마를 불러온다.

6   [슬라이드 마스터] 탭 – [닫기] 그룹 – [마스터 보기 닫기] 메뉴를 눌러 슬라이드 쇼 편
    집 화면으로 돌아간다.

7   네비게이션 바에 마우스 커서를 두고 [마우스 오른쪽 버튼] – [레이아웃]을 누르면 저
    장한 레이아웃이 적용된 것을 확인할 수 있다.

PART 6

6단계 상황과 목적에 맞는 PPT 만들기

PART 6에서는 보고서, 기획안, 제안서, 포트폴리오 등 상황과 목적에 맞는 PPT 만들기 실습을 해볼 것이다. 영어 회화를 잘하려면 많이 대화해보는 것이 가장 중요한 것처럼 PPT도 많이 만들어보아야 작업 속도가 빨라지고 디자인 감각도 내 것으로 만들 수 있다. 예제들을 하나씩 따라하다 보면 어느새 나만의 스타일로 PPT를 만들고 있는 자신을 발견할 수 있을 것이다.

CHAPTER 1

보기 편한 보고서 디자인하기

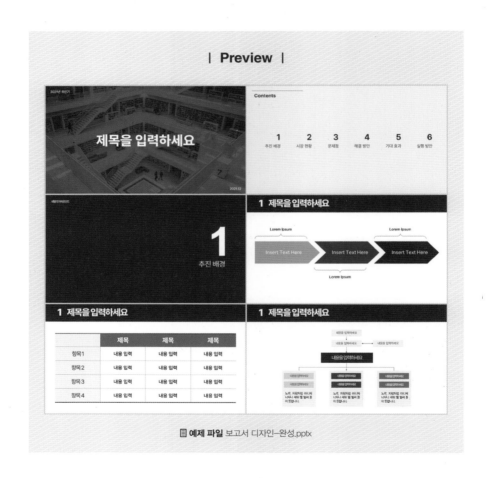

| Preview |

📋 **예제 파일** 보고서 디자인–완성.pptx

상황과 목적에 맞는 PPT를 시작하기에 앞서 업무 중 가장 많이 만들게 되는 보고서 PPT부터 만들어보자. 보고서 디자인은 깔끔하고 명확한 메시지 전달이 목적이므로 차분한 인상을 주는 네이비 컬러를 사용하여 제작하면 좋다. 또한, 색상도 1개의 색상에 명도의 차이를 주는 방식이 적절하다. 도형 스타일은 모서리가 둥근 스타일의 곡선보다 직선을 사용하여 냉철하고 전문적인 인상을 풍길 수 있도록 연출해보자.

01 보고서 표지 슬라이드 만들기

📃 **예제 파일** 보고서 디자인 표지—완성.pptx 📄 **실습 파일** 보고서 디자인 표지—시작.pptx/그림1.jpg

만드는 법

1   [빈 화면 슬라이드] – [삽입] 탭 – [이미지] 그룹 – [그림] – [이 디바이스]를 선택하여 [배경1.jpg]를 불러온다.

2   Shift 키를 누르면서 마우스로 드래그하여 그림을 삽입한다.

3   [그림 형식] 탭 – [크기] 그룹 – [자르기] – [가로 세로 비율] – [가로형 16:9]를 선택하여 슬라이드 크기와 동일하게 자른다.

4   [삽입] 탭 – [일러스트레이션] 그룹 – [도형] – [기본 도형] – [직사각형]을 선택하고, 마우스로 드래그하여 슬라이드 크기와 동일한 크기로 삽입한다.

5   [마우스 오른쪽 버튼] – [도형 서식] – [채우기] – [단색 채우기] – [투명도]를 [30%]로 변경한다.

6   하단에 있는 [선] 메뉴를 클릭한 후, [선 없음]을 선택하여 윤곽선을 없앤다.

7   [삽입] 탭 – [텍스트] 그룹 – [텍스트 상자] – [가로 텍스트 상자 그리기]를 선택하여 제목 텍스트를 입력한다. (예: 제목을 입력하세요.)

8   텍스트 서식은 [Pretendard ExtraBold, 66pt, 가운데 정렬, 흰색]으로 하고, 슬라이드 가운데에 배치한다. 눈금자선 단축키 Alt + F9 를 누른 후, 마우스와 키보드의 화살표 키로 위치를 조율한다.

9   [삽입] 탭 – [텍스트] 그룹 – [텍스트 상자] – [가로 텍스트 상자 그리기]를 선택하여, '2021년 하반기'라고 작성한 후 좌측 상단에 배치한다.

10   이때 텍스트 서식은 [Pretendard, 16pt, 흰색]으로 한다.

11   텍스트 상자를 선택한 상태에서 Ctrl 키를 누르고 마우스로 드래그하여 텍스트 상자를 복사한다.

12   Ctrl + R 을 눌러 오른쪽 정렬을 한 다음, 텍스트 내용을 '2021.12' 날짜로 변경하고 우측 하단에 배치한다.

02 보고서 목차 슬라이드 만들기

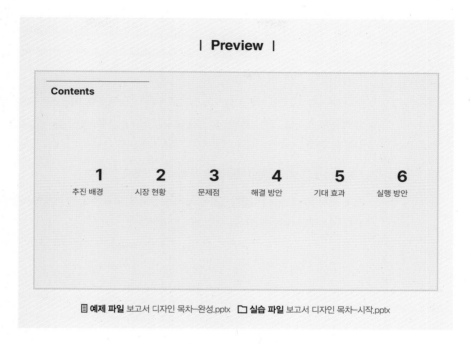

| Preview |

Contents

1   **2**   **3**   **4**   **5**   **6**

추진 배경   시장 현황   문제점   해결 방안   기대 효과   실행 방안

📓 **예제 파일** 보고서 디자인 목차—완성.pptx   🗀 **실습 파일** 보고서 디자인 목차—시작.pptx

만드는 법

1   [빈 화면 슬라이드] – [마우스 오른쪽 버튼] – [배경 서식] – [채우기] – [단색 채우기] – [색] – [흰색, 배경1, 5% 더 어둡게]를 선택하여 배경색을 회색으로 변경한다.

2   [삽입] 탭 – [일러스트레이션] 그룹 – [도형] – [선]을 선택한 후 `Shift` 키를 누르면서 마우스로 드래그하여 좌측 상단에 선을 삽입한다.

3   [삽입] 탭 – [텍스트] 그룹 – [텍스트 상자] – [가로 텍스트 상자 그리기]를 선택한 후, 'Contents' 텍스트를 작성하여 선 하단에 텍스트 상자를 배치한다.

4   텍스트 서식은 [Pretendard, 24pt, 글꼴 굵게]로 한다.

5   다음으로 목차 번호에 해당하는 텍스트 상자를 삽입해보자. [삽입] 탭 – [텍스트] 그룹
    – [텍스트 상자] – [가로 텍스트 상자 그리기]를 선택한 후 숫자 '1'을 쓴다. 이때 텍스
    트 서식은 [Pretendard, 40pt, 글꼴 굵게, 오른쪽 정렬]로 한다.

6   소제목 텍스트 상자를 삽입해보자. [삽입] 탭 – [텍스트 그룹] – [텍스트 상자] – [가
    로 텍스트 상자 그리기]를 선택한 후 '추진 배경'이라고 쓴다. 이때 텍스트 서식은
    [Pretendard, 20pt]로 한다.

7   숫자 텍스트 상자와 소제목 텍스트 상자를 우측 정렬해보자. 마우스로 드래그하여 2개
    의 텍스트 상자를 다중 선택한 후 [홈] 탭 – [그리기] 그룹 – [정렬] – [맞춤] – [오른쪽
    맞춤]을 한다.

8   개체 그룹화 단축키 Ctrl+G 를 눌러 하나의 개체로 만든다.

9   개체 서식 복사 단축키 Ctrl+D 를 눌러 오른쪽에 복사한다. 총 6개의 세트를 만들고
    숫자 텍스트와 내용 텍스트를 수정하여 완성한다.

보고서 소표지 슬라이드 만들기

| Preview |

▤ **예제 파일** 보고서 디자인 소표지-완성.pptx　🗀 **실습 파일** 보고서 디자인 소표지-시작.pptx

만드는 법

1 [빈 화면 슬라이드] – [마우스 오른쪽 버튼] – [배경 서식] – [채우기] – [단색 채우기] – [색] – [강조1, 진한 청록]으로 색상을 변경한다.

2 [삽입] 탭 – [텍스트] 그룹 – [텍스트 상자] – [가로 텍스트 상자 그리기]를 선택하여 숫자 '1'을 삽입한다. 이때 숫자 서식은 [Arial, 200pt, 글꼴 굵게, 오른쪽 정렬]로 한다.

3 [삽입] 탭 – [텍스트] 그룹 – [텍스트 상자] – [가로 텍스트 상자 그리기]를 선택하여 내용 텍스트를 삽입한다. (예: 추진 배경) 이때, 내용 텍스트의 서식은 [Pretendard, 36pt, 오른쪽 정렬]로 한다.

4 눈금자선 단축키 `Alt`+`F9`를 눌러 가운데 눈금선을 기점으로, 숫자와 소제목 텍스트 상자를 오른쪽에 배치한다. 슬라이드 오른쪽 끝에서 3.5cm 정도의 여백을 두어 배치하면 된다.

5 다음으로 좌측 상단에 회사명이나 로고에 해당하는 내용을 삽입해보자. [삽입] 탭 – [텍스트] 그룹 – [텍스트 상자] – [가로 텍스트 상자 그리기]를 선택한 후, 회사명을 입력한다. 이때 서식은 [Pretendard, 14pt, 좁게]로 한다.

04 보고서 내용 슬라이드 만들기 1 (스마트아트 활용하기)

| Preview |

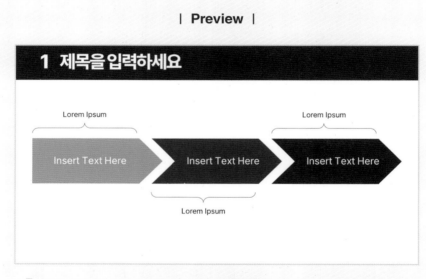

▤ **예제 파일** 보고서 디자인 내용 슬라이드1-완성.pptx ▢ **실습 파일** 보고서 디자인 내용 슬라이드1-시작.pptx

만드는 법

1   [빈 화면 슬라이드] – [삽입] 탭 – [일러스트레이션] 그룹 – [도형] – [직사각형]을 선택한 후, 마우스로 드래그하여 좌측 상단에 가로로 길게 삽입한다.

2   [마우스 오른쪽 버튼] – [도형 서식] 탭 – [도형 스타일 그룹] – [도형 윤곽선] – [윤곽선 없음]을 눌러 윤곽선을 없앤다.

3   [삽입] 탭 – [텍스트] 그룹 – [텍스트 상자] – [가로 텍스트 상자 그리기]를 선택하여 제목 텍스트 상자를 삽입한다. 이때 서식은 [Pretendard ExtraBold, 44pt, 매우 좁게]로 한다.

4   [삽입] 탭 – [텍스트] 그룹 – [텍스트 상자] – [가로 텍스트 상자 그리기]를 선택하여 숫자를 삽입한다. 이때 서식은 [Pretendard ExtraBold, 48pt]로 한다.

5   [삽입] 탭 – [일러스트레이션] 그룹 – [SmartArt]를 누르고 [프로세스형, 닫힌 갈매기형 수장 프로세스형]을 선택하여 확인을 누른다.

6   그룹화 해제 단축키 `Ctrl`+`Shift`+`G`를 2번 눌러서 도형으로 변경한다.

7   첫 번째 도형을 선택한 후 [마우스 오른쪽 버튼] – [도형 서식] – [채우기] – [단색 채우기] – [색] – [바다색, 강조3, 40% 더 밝게]를 선택하여 색상을 변경하고, [선] – [선 없음]을 선택하여 윤곽선을 없앤다.

8   두 번째 도형을 선택한 후 [마우스 오른쪽 버튼] – [도형 서식] – [채우기] – [단색 채우기] – [색] – [진한 청록, 강조2]를 선택하여 색상을 변경하고 [선] – [선 없음]을 선택하여 윤곽선을 없앤다.

9   세 번째 도형을 선택한 후 [마우스 오른쪽 버튼] – [도형 서식] – [선] – [선 없음]을 선택하여 윤곽선을 없앤다.

10 마우스로 드래그하여 첫 번째 도형과 두 번째 도형 사이에 여백을 주고, 두 번째와 세 번째 도형 사이에도 여백을 준다.

11 [삽입] 탭 – [텍스트] 그룹 – [텍스트 상자] – [가로 텍스트 상자]를 선택하여 내용 텍스트를 삽입한다. 이때, 서식은 [Pretendard, 24pt, 흰색]으로 한다.

12 [삽입] 탭 – [일러스트레이션] 그룹 – [도형] – [왼쪽 중괄호]를 마우스로 드래그하여

삽입한다.

13 노란색 조절점으로 중괄호를 부드러운 곡선으로 만든 다음 [도형 서식] 탭 – [정렬] 그룹 – [회전] – [오른쪽으로 90도 회전]을 클릭하여 중괄호가 도형을 묶는 역할을 하도록 만든다.

14 설명 텍스트 상자를 삽입해보자. [삽입] 탭 – [텍스트] 그룹 – [텍스트 상자] – [가로 텍스트 상자]를 선택하여 설명 텍스트를 삽입한다. 이때, 서식은 [Pretendard, 18pt]로 한다.

15 중괄호와 설명 텍스트를 마우스로 드래그하여 동시 선택하고, 그룹화 단축키 `Ctrl`+`G`를 눌러 하나의 개체로 만든다.

16 개체 서식 복사 단축키 `Ctrl`+`D`를 눌러 2개 더 만든다. 그런 다음 가운데 위치한 개체는 [셰이프 형식] 탭 – [정렬] 그룹 – [회전] – [상하 대칭]을 눌러 아래로 위치하게끔 한다.

17 `Ctrl`+`Shift`+`G`를 눌러 개체 그룹화를 해제하고, 뒤집어진 텍스트 상자를 `Delete` 키를 눌러 삭제한다. 왼쪽 위에 있는 텍스트 상자를 선택하고 `Ctrl` 키를 눌러 마우스로 드래그하여 텍스트 상자를 복사한 후, 두 번째 중괄호 아래에 배치한다.

| Preview |

1 제목을 입력하세요

	제목	제목	제목
항목1	내용 입력	내용 입력	내용 입력
항목2	내용 입력	내용 입력	내용 입력
항목3	내용 입력	내용 입력	내용 입력
항목4	내용 입력	내용 입력	내용 입력

📑 **예제 파일** 보고서 디자인 내용 슬라이드2-완성.pptx   📁 **실습 파일** 보고서 디자인 내용 슬라이드2-시작.pptx

만드는 법

1 [빈 화면 슬라이드] – [삽입] 탭 – [일러스트레이션] 그룹 – [도형] – [직사각형]을 선택한 후, 마우스로 드래그하여 좌측 상단에 가로로 길게 삽입한다.

2 [마우스 오른쪽 버튼] – [도형 서식] 탭 – [도형 스타일 그룹] – [도형 윤곽선] – [윤곽선 없음]을 눌러 윤곽선을 없앤다.

3 [삽입] 탭 – [텍스트] 그룹 – [텍스트 상자] – [가로 텍스트 상자 그리기]를 선택하여 제목 텍스트 상자를 삽입한다. 이때 서식은 [Pretendard ExtraBold, 44pt, 매우 좁게]로 한다.

4 [삽입] 탭 – [텍스트] 그룹 – [텍스트 상자] – [가로 텍스트 상자 그리기]를 선택하여 숫자를 삽입한다. 이때 서식은 [Pretendard ExtraBold, 48pt]로 한다.

5 [삽입] 탭 – [표] 그룹 – [표]를 선택하고, [4*5표]를 삽입한다.

6 마우스로 드래그하여 셀을 모두 선택한 다음 [테이블 디자인] 탭 – [표 스타일] 그룹 – [음영] – [채우기 없음]을 선택한다.

7 [테이블 디자인] 탭 – [표 스타일] 그룹 – [테두리] – [테두리 없음]을 선택하여 테두리를 없앤다.

8 [테이블 디자인] 탭 – [테두리 그리기] 그룹 – [펜 색] – [흰색, 배경1, 50% 더 어둡게]를 선택한 다음, 굵기를 [1pt]에서 [0.5pt]로 변경하고, [표 스타일] 그룹 – [테두리] – [안쪽 테두리]를 선택한다.

9 마우스로 드래그하여 첫 번째 행을 선택한 다음 [테이블 디자인] 탭 – [테두리 그리기] 그룹 – [펜 색] – [검정]을 선택한 후 굵기를 [2.25pt]로 변경하고 [표 스타일] 그룹 – [테두리] – [위쪽 테두리]를 눌러 위쪽에 굵게 테두리를 준다.

10 마우스로 드래그하여 마지막 행을 선택한 다음 [표 스타일] 그룹 – [테두리] – [아래쪽 테두리]를 눌러 아래쪽에 굵게 테두리를 준다.

11 마우스로 드래그하여 첫 번째 열을 선택한 다음 [표 스타일] 그룹 – [음영] – [밝은 회색, 배경2]를 눌러 음영을 준다.

12 마우스로 드래그하여 첫 번째 행의 2,3,4열을 선택한 다음 [표 스타일] 그룹 – [음영] – [바다색, 강조3]을 눌러 제목행 색상을 변경한다.

13 내용을 삽입하여 표를 완성한다.

06 보고서 내용 슬라이드 만들기 3 (흐름도 만들기)

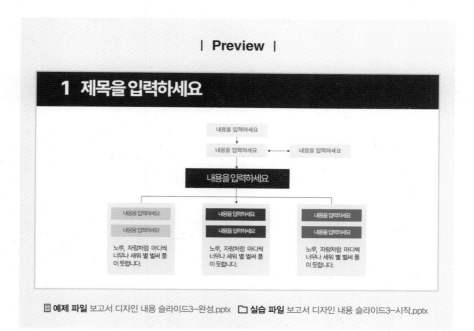

| Preview |

예제 파일 보고서 디자인 내용 슬라이드3-완성.pptx　　**실습 파일** 보고서 디자인 내용 슬라이드3-시작.pptx

만드는 법

1　[빈 화면 슬라이드] – [삽입] 탭 – [일러스트레이션] 그룹 – [도형] – [직사각형]을 선택한 후, 마우스로 드래그하여 좌측 상단에 가로로 길게 삽입한다.

2　[마우스 오른쪽 버튼] – [도형 서식] 탭 – [도형 스타일 그룹] – [도형 윤곽선] – [윤곽선 없음]을 눌러 윤곽선을 없앤다.

3　[삽입] 탭 – [텍스트] 그룹 – [텍스트 상자] – [가로 텍스트 상자 그리기]를 선택하여 제목 텍스트 상자를 삽입한다. 이때 서식은 [Pretendard ExtraBold, 44pt, 매우 좁게]로 한다.

4 [삽입] 탭 – [텍스트] 그룹 – [텍스트 상자] – [가로 텍스트 상자 그리기]를 선택하여 숫자를 삽입한다. 이때 서식은 [Pretendard ExtraBold, 48pt]로 한다.

5 먼저 하단의 직사각형 세트를 만들어보자. [삽입] 탭 – [일러스트레이션] 그룹 – [도형] – [직사각형]을 선택하고 마우스로 드래그하여 세로로 길게 삽입한다. 직사각형 크기는 너비 [5.7cm], 높이 [6.24cm]로 한다.

6 [마우스 오른쪽 버튼] – [도형 서식]을 선택하여 [채우기] – [단색 채우기] – [색] – [흰색, 배경1, 5% 더 어둡게]로 색상을 변경하고, [선] – [선 없음]을 선택하여 윤곽선을 없앤다.

7 [삽입] 탭 – [텍스트] 그룹 – [텍스트 상자] – [가로 텍스트 상자 그리기]를 선택하여 텍스트를 삽입하고, [Pretendard, 16pt, 양쪽 정렬]로 서식을 준 다음 직사각형 내부 하단에 위치시킨다.

8 [삽입] 탭 – [일러스트레이션] 그룹 – [도형] – [직사각형]을 선택하여 마우스로 드래그하여 가로로 길게 삽입한다. 직사각형 크기는 너비 [5.02cm], 높이 [1.06cm]로 한다.

9 [마우스 오른쪽 버튼] – [도형 서식]을 선택하여 [채우기] – [단색 채우기] – [색] – [흰색, 배경1, 15% 더 어둡게]로 변경하고, [선] – [선 없음]을 선택하여 윤곽선을 없앤다.

10 [삽입] 탭 – [텍스트] 그룹 – [텍스트 상자] – [가로 텍스트 상자 그리기]를 선택하여 내용 텍스트를 삽입한다. 서식은 [Pretendard, 14pt, 가운데 정렬]로 한다.

11 과정 8에서 삽입한 직사각형과 과정 10에서 삽입한 텍스트 상자를 마우스로 드래그하여 다중 선택한 다음, Ctrl+G를 눌러 하나의 도형으로 만들고 Ctrl+D를 눌러 복사한다. 그런 다음 과정 5에서 삽입한 직사각형과 2개의 직사각형을 마우스로 드래그하여 다중 선택한 후, 그룹화 단축키 Ctrl+G를 눌러 하나로 만든다.

12 개체 복사 단축키인 Ctrl+D를 2번 눌러 총 3세트로 만든다.

13 두 번째 세트에 있는 작은 직사각형 색상을 변경해보자. 직사각형을 선택한 다음, [마우스 오른쪽 버튼] – [도형 서식] – [채우기] – [단색 채우기] – [색] – [진한 청록, 강조 2]로 변경한다. 텍스트 상자에 커서를 두고 Ctrl+A를 눌러 전체 선택한 후, 텍스트 색상을 [흰색]으로 바꾼다.

14 Ctrl+Shift+C를 눌러 서식을 복사하고 하단에 있는 직사각형을 선택하여, Ctrl+Shift+V를 눌러 서식을 붙여 넣기 한다.

15　세 번째 세트에 있는 작은 직사각형 색상을 변경해보자. 직사각형을 선택한 다음 [마우스 오른쪽 버튼] – [도형 서식] – [채우기] – [단색 채우기] – [색] – [바다색, 강조3]로 변경한다. 텍스트 상자에 커서를 두고 Ctrl+A를 눌러 전체 선택한 후, 텍스트 색상을 흰색으로 바꾼다.

16　Ctrl+Shift+C를 눌러 서식을 복사하고 하단에 있는 직사각형을 선택하여 Ctrl +Shift+V를 눌러 서식을 붙여 넣기 한다.

17　이번에는 흐름도 가운데 위치할 직사각형을 삽입해보자. [삽입] 탭 – [일러스트레이션] 그룹 – [도형] – [직사각형]을 선택하여 마우스로 드래그하여 가로로 길게 삽입한다.

18　직사각형 크기는 [마우스 오른쪽 버튼] – [도형 서식]을 선택하여 [채우기] – [단색 채우기] – [색] – [진한 청록, 강조1]로 변경하고, [선] – [선 없음]을 선택하여 윤곽선을 없앤다. 너비 [8.75cm], 높이 [1.75cm]로 한다.

19　[삽입] 탭 – [텍스트] 그룹 – [텍스트 상자] – [가로 텍스트 상자 그리기] 선택하여 내용 텍스트 상자를 삽입한다. 이때 글꼴 서식은 [Pretendard, 24pt, 흰색, 가운데 정렬]로 한다.

20　첫 번째 박스에 있는 가로로 긴 직사각형과 텍스트 상자를 마우스로 드래그하여 동시 선택한 다음 Ctrl+D를 눌러 복사하여 상단에 배치한다. 총 3개를 복사하여 완성작과 동일하게 배치한다.

21　마지막으로 화살표를 넣어보자. [삽입] 탭 – [일러스트레이션] 그룹 – [도형] – [선 화살표]를 선택하고 마우스로 드래그하여 삽입한다. 직사각형과 직사각형 사이에 배치하여 도형끼리 연결될 수 있도록 한다.

22　화살표를 선택한 상태에서 Ctrl 키를 누르고 마우스로 드래그하여 화살표를 복사한 후, 키보드 화살표 키와 마우스 드래그로 위치를 조율한다.

23　[삽입] 탭 – [일러스트레이션] 그룹 – [도형] – [연결선: 꺾임]을 선택하고 마우스로 드래그하여 삽입한 후, 가운데 직사각형과 하단 3개의 도형을 이어주는 역할을 할 수 있도록 위치를 조율한다.

24　[마우스 오른쪽 버튼] – [맨 뒤로 보내기] 기능을 이용하여 선이 직사각형 뒤로 가게 한다.

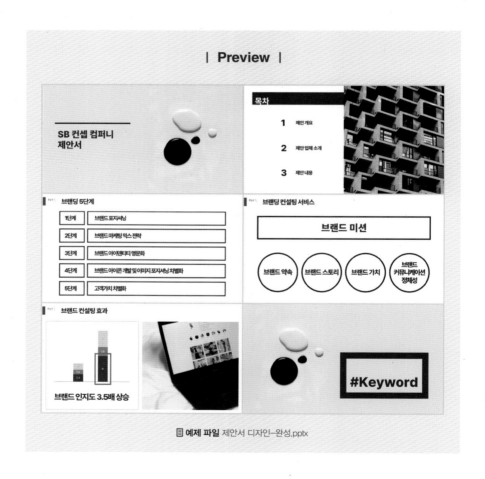

| Preview |

예제 파일 제안서 디자인-완성.pptx

제안서 디자인은 깔끔하고 세련된 디자인에 강렬한 인상을 주는 것이 핵심이다. 한 가지 포인트 컬러로만 디자인하거나, 선을 강조하여 디자인하거나, 불투명 도형만으로 디자인하는 등 디자인 컨셉이 한 가지로 귀결된 것이 유효할 수 있다. 다른 디자인으로도 응용이 가능한 블랙&화이트 컬러를 사용하여 제안서를 제작해보자.

01 제안서 표지 슬라이드 만들기

📑 **예제 파일** 제안서 디자인 표지–완성.pptx　　📂 **실습 파일** 제안서 디자인 표지–시작.pptx/그림1.jpg

만드는 법

1   [빈 화면 슬라이드]에서 [삽입] 탭 – [이미지] 그룹 – [그림] – [이 디바이스]를 선택하고 [그림1.jpg]를 불러온다.

2   Shift 키를 누르면서 슬라이드 크기에 맞게 크기를 조율한 다음, 피사체가 오른쪽 슬라이드 가운데에 위치하도록 한다.

3   [그림 형식] 탭 – [크기] 그룹 – [자르기] 메뉴로 사진을 자른다.

4   [마우스 오른쪽 버튼] – [배경 서식]을 선택하고 [채우기] – [단색 채우기] – [색] – [스포이트]를 선택하여 이미지에서 회색을 끌어와 사진의 연장선 느낌으로 배경색을 연출한다.

5   [삽입] 탭 – [일러스트레이션] 그룹 – [도형] – [선]을 선택한 다음, Shift 키를 눌러 세로로 긴 직선을 삽입한다. 이때 선의 길이는 [12.75cm]로 한다.

6   [마우스 오른쪽 버튼] – [도형 서식] – [선] – [너비] – [6pt]로 변경한다.

7   [삽입] 탭 – [텍스트] 그룹 – [텍스트 상자] – [가로 텍스트 상자 그리기]를 선택하여 제목인 'SB 컨셉 컴퍼니 제안서'라고 입력한다. 이때 텍스트 서식은 [Pretendard ExtraBold (제목), 44pt, 왼쪽 정렬]로 한다.

| Preview |

📄 **예제 파일** 제안서 디자인 목차–완성.pptx 📁 **실습 파일** 제안서 디자인 목차–시작.pptx/그림2.jpg

만드는 법

1   [빈 화면 슬라이드] – [삽입] 탭 – [이미지] 그룹 – [그림] – [이 디바이스]를 선택하고 [그림2.jpg]를 불러온다.

2   Shift 키를 누르면서 슬라이드 크기에 맞게 크기를 조율한 다음, 피사체가 오른쪽 슬라이드 절반에 위치할 수 있도록 한다. 눈금자선 단축키 Alt + F9 를 눌러 활성화한다.

3   [그림 형식] 탭 – [크기] 그룹 – [자르기] 메뉴로 사진을 자른다.

4   [삽입] 탭 – [일러스트레이션] 그룹 – [도형] – [직사각형]을 선택하고 마우스로 드래그하여, 왼쪽 상단에 직사각형을 삽입한다.

5 [마우스 오른쪽 버튼] – [도형 서식] – [채우기] – [단색 채우기] – [색] – [진한 회색, 강조4]로 변경하고 [선] – [선 없음]을 선택하여 윤곽선을 없앤다.

6 [삽입] 탭 – [텍스트] 그룹 – [텍스트 상자] – [가로 텍스트 상자 그리기]를 선택하여 '목차'라고 입력한다. 이때 텍스트 서식은 [Pretendard ExtraBold (제목), 40pt, 흰색, 왼쪽 정렬]로 하며, 좌측 상단 직사각형의 하단에 맞춰서 위치를 조율한다.

7 [삽입] 탭 – [텍스트] 그룹 – [텍스트 상자] – [가로 텍스트 상자 그리기]를 선택하여 숫자 '1'을 입력한다. 이때 텍스트 서식은 [Pretendard ExtraBold (제목), 44pt, 왼쪽 정렬]로 한다.

8 [삽입] 탭 – [텍스트] 그룹 – [텍스트 상자] – [가로 텍스트 상자 그리기]를 선택하여 제목 텍스트인 '제안 개요'를 입력한다. 이때 텍스트 서식은 [Pretendard ExtraBold (제목), 24pt, 왼쪽 정렬]로 한다.

9 마우스로 드래그하여 텍스트 상자 2개를 동시에 선택한 다음, 개체 그룹화 단축키 `Ctrl`+`G`를 눌러 하나로 만든다. 그다음 `Ctrl`+`D`를 눌러 텍스트 상자를 복사하여 총 3개의 세트로 만든다.

10 텍스트를 수정하여 목차를 완성한다.

| Preview |

Part 1.

브랜딩 5단계

1단계	브랜드 포지셔닝
2단계	브랜드 마케팅 믹스 전략
3단계	브랜드 아이덴티티 명문화
4단계	브랜드 아이콘 개발 및 이미지 포지셔닝 차별화
5단계	고객가치 차별화

📋 **예제 파일** 제안서 단계 슬라이드-완성.pptx   📁 **실습 파일** 제안서 단계 슬라이드-시작.pptx

만드는 법

1 [빈 화면 슬라이드] – [삽입] 탭 – [일러스트레이션] 그룹 – [도형] – [직사각형]을 선택하여 왼쪽 상단에 직사각형을 삽입한다. 이때 직사각형의 크기는 가로 [0.5cm], 세로 [1.45cm]로 한다.

2 [마우스 오른쪽 버튼] – [도형 서식] – [채우기] – [단색 채우기]를 선택하고 [색] – [진한 회색, 강조1]로 변경한다. [선] – [선 없음]을 선택하여 선을 없앤다.

3 [삽입] 탭 – [텍스트] 그룹 – [텍스트 상자] – [가로 텍스트 상자 그리기]를 선택하여 'Part 1'이라고 입력한다. 이때 텍스트 서식은 [Pretendard Light (본문), 14pt, 왼쪽 정렬]로 한다.

4   [삽입] 탭 – [텍스트] 그룹 – [텍스트 상자] – [가로 텍스트 상자 그리기]를 선택하여 '브랜딩 5단계'라고 입력한다. 이때 텍스트 서식은 [Pretendard ExtraBold (제목), 32pt, 왼쪽 정렬]로 한다.

5   [삽입] 탭 – [일러스트레이션] 그룹 – [도형] – [직사각형]을 선택하고 마우스로 드래 그하여 직사각형을 삽입한다. 이때 직사각형의 크기는 가로 [4.15cm], 세로 [2.3cm]로 한다.

6   [마우스 오른쪽 버튼] – [도형 서식]을 선택한 다음 [채우기] – [단색 채우기] – [색] – [흰색]으로 변경하고, [선] – [실선] – 너비 [4.5pt]로 변경한다.

7   [삽입] 탭 – [텍스트] 그룹 – [텍스트 상자] – [가로 텍스트 상자 그리기]를 선택하여 '1 단계'라고 입력한다. 이때 텍스트 서식은 [Pretendard ExtraBold (제목), 28pt, 왼쪽 정 렬]로 한다.

8   마우스로 드래그하여 직사각형과 텍스트 상자를 동시 선택한 다음 **Ctrl**+**G** 를 눌러 하나의 개체로 만든다.

9   개체 복사 단축키 **Ctrl**+**D** 를 눌러 직사각형과 텍스트 상자를 복사한 다음, 직사각형 의 크기를 가로 [23.2cm], 세로 [2.32cm]로 변경한다.

10   텍스트 내용을 '브랜드 포지셔닝'이라고 수정한 다음, 1단계 텍스트 상자와 직사각형, 그리고 브랜드 포지셔닝 텍스트 상자와 직사각형을 마우스로 드래그하여 다중 선택 한다.

11   그룹화 단축키 **Ctrl**+**G** 를 눌러 하나의 개체로 만든 다음, 개체 복사 단축키 **Ctrl**+**D** 를 눌러서 총 5개의 세트로 만든다.

12   텍스트 내용을 수정하여 완성한다.

| Preview |

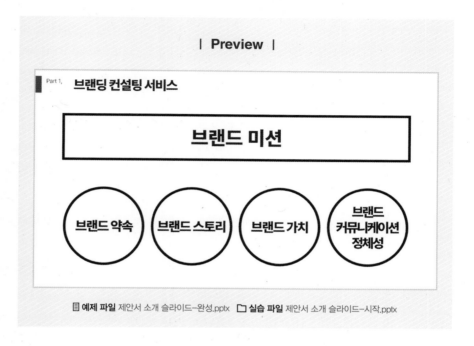

📖 **예제 파일** 제안서 소개 슬라이드-완성.pptx 📂 **실습 파일** 제안서 소개 슬라이드-시작.pptx

만드는 법

1   [빈 화면 슬라이드] – [삽입] 탭 – [일러스트레이션] 그룹 – [도형] – [직사각형]을 선택하여 왼쪽 상단에 직사각형을 삽입한다. 이때 직사각형의 크기는 가로 [0.5cm], 세로 [1.45cm]로 한다.

2   [마우스 오른쪽 버튼] – [도형 서식] – [채우기] – [단색 채우기]를 선택하고 [색] – [진한 회색, 강조1]로 변경한다. [선] – [선 없음]을 선택하여 선을 없앤다.

3   [삽입] 탭 – [텍스트] 그룹 – [텍스트 상자] – [가로 텍스트 상자 그리기]를 선택하여 'Part 1'이라고 입력한다. 이때 텍스트 서식은 [Pretendard Light (본문), 14pt, 왼쪽 정렬]로 한다.

4   [삽입] 탭 – [텍스트] 그룹 – [텍스트 상자] – [가로 텍스트 상자 그리기]를 선택하여 '브랜딩 컨설팅 서비스'라고 입력한다. 이때 텍스트 서식은 [Pretendard ExtraBold (제목), 32pt, 왼쪽 정렬]로 한다.

5   [삽입] 탭 – [일러스트레이션] 그룹 – [도형] – [직사각형]을 선택하고, 마우스로 드래그하여 직사각형을 삽입한다. 이때 직사각형의 크기는 가로 [29cm], 세로 [3.9cm]로 한다.

6   [마우스 오른쪽 버튼] – [도형 서식] 메뉴를 선택한 다음 [채우기] – [단색 채우기] – [색] – [흰색]으로 변경하고, [선] – [실선] – 너비 [6pt]로 변경한다.

7   [삽입] 탭 – [텍스트] 그룹 – [텍스트 상자] – [가로 텍스트 상자 그리기]를 선택하여, '브랜드 미션'이라고 삽입한다. 텍스트 서식은 [Pretendard ExtraBold (제목), 48pt, 가운데 정렬]로 한다.

8   [삽입] 탭 – [일러스트레이션] 그룹 – [도형] – [타원]을 선택하고 **Shift** 키를 누르면서 [정원]을 삽입한다.

9   앞서 삽입한 직사각형을 선택한 상태에서 서식 복사 단축키 **Ctrl**+**Shift**+**C**를 누르고, [정원]을 선택하여 **Ctrl**+**Shift**+**V**를 눌러 서식을 복사한다.

10   [삽입] 탭 – [텍스트] 그룹 – [텍스트 상자] – [가로 텍스트 상자 그리기]를 선택하여 '브랜드 약속'이라고 입력한다. 이때 텍스트 서식은 [Pretendard ExtraBold (제목), 32pt, 가운데 정렬]로 한다.

11   원과 텍스트 상자를 마우스로 드래그하여 동시 선택한 다음, 개체 그룹화 **Ctrl**+**G**를 눌러 하나의 개체로 만들고, 개체 복사 단축키 **Ctrl**+**D**를 눌러 총 4개의 세트로 만든다.

12   텍스트 내용을 수정하여 슬라이드를 완성한다.

| Preview |

Part 1. **브랜드 컨설팅 효과**

브랜드 인지도 3.5배 상승

📑 **예제 파일** 제안서 효과 슬라이드–완성.pptx   📁 **실습 파일** 제안서 효과 슬라이드–시작.pptx/그림3.jpg

만드는 법

1 [빈 화면 슬라이드] – [삽입] 탭 – [일러스트레이션] 그룹 – [도형] – [직사각형]을 선택하여 왼쪽 상단에 직사각형을 삽입한다. 이때 직사각형의 크기는 가로 [0.5cm], 세로 [1.45cm]로 한다.

2 [마우스 오른쪽 버튼] – [도형 서식] – [채우기] – [단색 채우기]를 선택하고 [색] – [진한 회색, 강조1]로 변경한다. [선] – [선 없음]을 선택하여 선을 없앤다.

3 [삽입] 탭 – [텍스트] 그룹 – [텍스트 상자] – [가로 텍스트 상자 그리기]를 선택하여 'Part 1'이라고 입력한다. 이때 텍스트 서식은 [Pretendard Light (본문), 14pt, 왼쪽 정렬]로 한다.

PART 6

4 [삽입] 탭 – [텍스트] 그룹 – [텍스트 상자] – [가로 텍스트 상자 그리기]를 선택하여 '브랜딩 컨설팅 효과'라고 입력한다. 이때 텍스트 서식은 [Pretendard ExtraBold (제목), 32pt, 왼쪽 정렬]로 한다.

5 [삽입] 탭 – [일러스트레이션] 그룹 – [차트]를 선택한 다음 [세로 막대형] – [누적 세로 막대형]을 선택하여 차트를 삽입한다.

6 차트를 선택한 상태에서 '+' 차트 요소를 선택하여 '데이터 레이블'에 체크 박스를 선택한 후, 나머지 요소는 전부 체크 박스를 해제한다.

7 [삽입] 탭 – [일러스트레이션] 그룹 – [도형] – [선]을 선택한 다음 Shift 키를 누르면서 직선을 삽입한다.

8 선을 그래프 아래에 배치하고 [삽입] 탭 – [일러스트레이션] 그룹 – [도형] – [직사각형]을 선택하여 그래프 숫자를 강조한 빨강색 직사각형을 만든다.

9 [마우스 오른쪽 버튼] – [도형 서식] – [채우기] – [단색 채우기]를 선택하여 [채우기 없음]을 선택하고 [선] – [실선] – [색] – [빨강]으로 변경하고, 너비 [6pt]로 변경한다.

10 [삽입] 탭 – [텍스트] 그룹 – [텍스트 상자] – [가로 텍스트 상자 그리기]를 선택하여 '브랜드 인지도 3.5배 상승'이라고 입력한다. 이때 텍스트 서식은 [Pretendard ExtraBold (제목), 40pt, 가운데 정렬]로 한다.

11 [삽입] 탭 – [일러스트레이션] 그룹 – [도형] – [직사각형]을 선택하여 차트 배경이 될 수 있도록 크기를 맞춘다.

12 [마우스 오른쪽 버튼] – [도형 서식]에서 – [채우기] – [단색 채우기] – [흰색]으로 변경하고, [선] – [실선] – [색] – [진한 회색, 텍스트 1, 40% 더 밝게]로 변경한다.

13 [삽입] 탭 – [이미지] 그룹 – [그림] – [이 디바이스]를 선택하고 [그림3.jpg] 파일을 불러온다.

14 [그림 형식] 탭 – [크기] 그룹 – [자르기] 메뉴에서 사진을 자른다. 이때 사진의 높이를 차트 높이와 동일하게 잘라준다.

제안서 키워드 강조 슬라이드 만들기

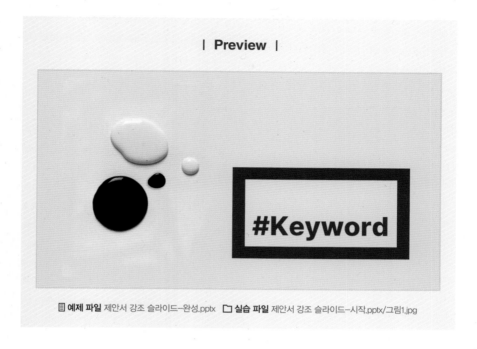

| Preview |

#Keyword

📄 **예제 파일** 제안서 강조 슬라이드-완성.pptx   📁 **실습 파일** 제안서 강조 슬라이드-시작.pptx/그림1.jpg

만드는 법

1   [빈 화면 슬라이드] – [삽입] 탭 – [이미지] 그룹 – [그림] – [이 디바이스]를 선택하고 [그림1.jpg] 파일을 삽입한다.

2   Shift 키를 누르면서 사진 크기를 슬라이드 높이와 동일하게 맞춘다. 이때 사진의 위치는 왼쪽에 위치하도록 만든다.

3   [마우스 오른쪽 버튼] – [배경 서식] – [채우기] – [단색 채우기]를 선택하고 [색] – [스포이트]를 선택하여 사진의 배경색 부분을 클릭하여 회색으로 색을 맞춘다.

4   [삽입] 탭 – [일러스트레이션] 그룹 – [도형] – [직사각형]을 선택하여 우측 하단에 삽

입한다. 이때 직사각형 크기는 가로 [14cm], 세로 [7cm]로 한다.

5   [마우스 오른쪽 버튼] – [도형 서식] – [선] – 너비 [30pt]로 변경한다.

6   [삽입] 탭 – [텍스트] 그룹 – [텍스트 상자] – [가로 텍스트 상자 그리기]를 선택하여, '#Keyword'라고 삽입한다. 이때 텍스트 서식은 [Pretendard ExtraBold (제목), 66pt, 왼쪽 정렬]로 한다.

CHAPTER 3 | 팔리는 기획안 디자인하기

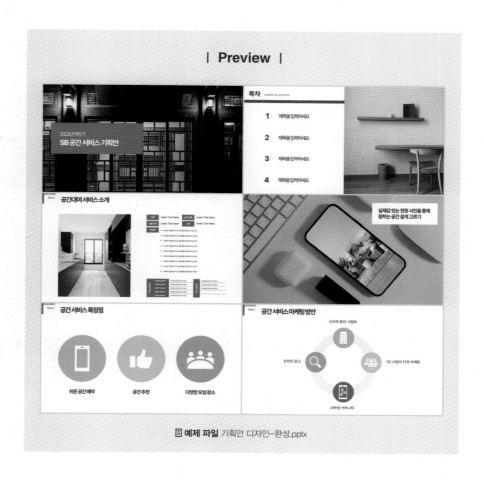

| Preview |

예제 파일 기획안 디자인-완성.pptx

기획안은 내부 문서로 시작해 최종 결정권자에게 결재를 받은 후, 약간의 편집을 거쳐 외부 자료로도 공유된다. 따라서, 아이디어가 시각적으로도 매력적으로 보일 수 있도록 연출하는 것이 중요하다. 상품 소개 슬라이드, 스마트폰 이미지 합성 슬라이드 등의 슬라이드 제작을 통해 기획안 제작에 대한 감각을 익혀보자.

01 기획안 표지 슬라이드 만들기

| Preview |

📑 **예제 파일** 기획안 표지-완성.pptx 📂 **실습 파일** 기획안 표지-시작.pptx/그림1.jpg

만드는 법

1   [빈 화면 슬라이드] – [삽입] 탭 – [이미지] 그룹 – [그림] – [이 디바이스]를 선택하여 [그림1.jpg] 사진을 불러온다.

2   `Shift` 키를 누르면서 슬라이드 크기만큼 사진 크기를 키워준다.

3   [도형 서식] 탭 – [크기] 그룹 – [자르기] – [가로 세로 비율] – [16:9]를 선택하여 슬라이드 크기와 동일하게 자른다.

4   [삽입] 탭 – [일러스트레이션] 그룹 – [도형] – [직사각형]을 선택하여 삽입한다. 이때 직사각형 크기는 가로 [15.45cm], 세로 [5.45cm]로 한다.

5   [마우스 오른쪽 버튼] – [도형 서식] 탭 – [채우기] – [단색 채우기] – [색] – [황갈색, 강조2]로 하고 [선] – [선 없음]을 선택하여 윤곽선을 없앤다.

6   [삽입] 탭 – [텍스트] 그룹 – [텍스트 상자] – [가로 텍스트 상자 그리기]를 선택하여 "SB 공간 서비스 기획안"이라고 입력한다. 이때 텍스트 서식은 [Pretendard ExtraBold (제목), 36pt, 왼쪽 정렬]로 한다.

7   [삽입] 탭 – [텍스트] 그룹 – [텍스트 상자] – [가로 텍스트 상자 그리기]를 선택하여 "2022년 하반기"라고 입력한다. 이때 텍스트 서식은 [Pretendard (본문), 24pt, 왼쪽 정렬]로 한다.

8   십자선 단축키 `Alt`+`F9`로 눈금자선을 활성화 시킨 다음, 키보드 화살표 키 또는 마우스로 위치를 조율한다.

| Preview |

目 **예제 파일** 기획안 목차-완성.pptx □ **실습 파일** 기획안 목차-시작.pptx/그림2.jpg

만드는 법

1 [빈 화면 슬라이드] – [삽입] 탭 – [이미지] 그룹 – [그림] – [이 디바이스]를 선택하여 [그림2.jpg] 사진을 불러온다.

2 눈금자선 단축키 Alt + F9 를 눌러 눈금자선을 활성화한 다음, 사진이 슬라이드의 오른쪽 절반을 차지하도록 만든다. [도형 서식] 탭 – [크기] 그룹 – [자르기] 메뉴로 사진을 적당히 자른다.

3 [삽입] 탭 – [텍스트] 그룹 – [텍스트 상자] – [가로 텍스트 상자 그리기]를 선택하여 '목차' 텍스트를 삽입한다. 이때 텍스트 서식은 [Pretendard ExtraBold (제목), 32pt, 왼쪽 정렬]로 한다.

4   [삽입] 탭 – [텍스트] 그룹 – [텍스트 상자] – [가로 텍스트 상자 그리기]를 선택하여 'a table of contents'라고 삽입한다. 이때 텍스트 서식을 [Pretendard (본문), 14pt, 왼쪽 정렬]로 하고 목차 텍스트 우측에 배치한다.

5   [삽입] 탭 – [일러스트레이션] 그룹 – [도형] – [직사각형]을 선택하여 목차 아래에 삽입한다. 직사각형의 크기는 가로 [17cm], 세로 [0.5cm]로 한다.

6   [마우스 오른쪽 버튼] – [도형 서식] – [채우기] – [단색 채우기] – [색]에서 [검정, 텍스트1, 35% 더 밝게]를 선택하고 [선] – [선 없음]을 눌러서 윤곽선을 없앤다.

7   [삽입] 탭 – [텍스트] 그룹 – [텍스트 상자] – [가로 텍스트 상자 그리기]를 선택하여 숫자 '1'을 입력하여 삽입한다. 이때 텍스트 서식은 [Pretendard ExtraBold (제목), 36pt, 왼쪽 정렬]로 한다.

8   [삽입] 탭 – [텍스트] 그룹 – [텍스트 상자] – [가로 텍스트 상자 그리기]를 선택하여 소제목 텍스트 상자를 삽입해보자. '공간 서비스 소개'라고 쓰고, 텍스트 서식을 [Pretendard Medium, 24pt, 왼쪽 정렬]로 한다.

9   숫자 텍스트와 제목 텍스트를 마우스로 드래그하여 동시 선택하고 개체 그룹화 단축키 Ctrl + G 를 눌러 하나의 개체로 만든다.

10 개체 복사 단축키 Ctrl + D 를 반복적으로 눌러서 총 4개의 목차 텍스트 상자를 만든다.

11 텍스트 내용을 수정하여 목차 슬라이드를 완성한다.

| Preview |

📑 **예제 파일** 기획안 소개 슬라이드-완성.pptx 📁 **실습 파일** 기획안 소개 슬라이드-시작.pptx/그림3.jpg

만드는 법

1   [빈 화면 슬라이드] – [삽입] 탭 – [일러스트레이션] 그룹 – [도형] – [직사각형]을 선택하여 세로로 길게 직사각형을 삽입한다. 이때 직사각형의 크기는 가로 [0.37cm], 세로 [1.93cm]로 한다.

2   [마우스 오른쪽 버튼] – [도형 서식] – [채우기] – [단색 채우기] – [색] – [회색, 텍스트 2]로 변경하고 [선] – [선 없음]을 선택하여 윤곽선을 없앤다.

3   Ctrl + D를 눌러 직사각형을 복사한 다음, [셰이프 형식] 탭 – [정렬] 그룹 – [회전] – [오른쪽으로 90도 회전]을 선택하고 왼쪽 직사각형의 바로 옆에 배치한다.

4   [마우스 오른쪽 버튼] – [도형 서식] – [채우기] – [단색 채우기] – [색] – [다홍, 강조1]로 변경한다.

5   [삽입] 탭 – [텍스트] 그룹 – [텍스트 상자] – [가로 텍스트 상자 그리기]를 선택하여 'Part 1'이라고 입력한다. 이때 텍스트 서식은 [Pretendard (본문), 12pt, 왼쪽 정렬]로 한다.

6   제목 텍스트 상자를 삽입해보자. [삽입] 탭 – [텍스트] 그룹 – [텍스트 상자] – [가로 텍스트 상자 그리기]를 선택하여 '공간 대여 서비스 소개'라고 입력한다. 이때 텍스트 서식은 [Pretendard ExtraBold (제목), 32pt, 왼쪽 정렬]로 한다.

7   [삽입] 탭 – [이미지] 그룹 – [그림] – [이 디바이스]에서 [그림3.jpg]을 선택하여 왼쪽 하단에 삽입한다.

8   [삽입] 탭 – [일러스트레이션] 그룹 – [도형] – [직사각형]을 선택하여 마우스로 드래그하여 삽입한다. 이때 직사각형의 크기는 가로 [2.06cm] 세로 [0.9cm]로 한다.

9   [마우스 오른쪽 버튼] – [도형 서식] 메뉴에서 [채우기] – [단색 채우기] – [색] – [밝은 회색, 배경2, 50% 더 어둡게]를 선택하여 색상을 [짙은 회색]으로 변경하고 [선] – [선 없음]을 선택하여 윤곽선을 없앤다.

10   [마우스 오른쪽 버튼] – [텍스트 편집]을 선택하여 텍스트를 입력하고 텍스트 색상을 [흰색]으로 변경한다. 텍스트 서식은 [Pretendard (본문), 12pt, 좁게, 가운데 정렬]로 한다.

11   [삽입] 탭 – [텍스트] 그룹 – [텍스트 상자] – [가로 텍스트 상자 그리기]를 선택하여 내용 텍스트 상자를 삽입한다. 이때 텍스트 서식은 [Pretendard (본문), 12pt, 좁게, 왼쪽 정렬]로 한다.

12   직사각형과 텍스트 상자를 마우스로 드래그하여 동시 선택한 다음, 그룹 개체화 단축키 **Ctrl**+**G**로 1개의 도형으로 만들고 **Ctrl**+**D**를 이용하여 총 5개의 텍스트 상자 세트를 만든다.

13   마우스와 키보드 화살표 키를 이용하여 텍스트 상자와 직사각형의 위치를 변경한다.

14   텍스트 편집 후, 3행에 해당하는 특장점 항목의 세부 항목 텍스트 상자의 경우 [홈] 탭 – [단락] 그룹 – [글머리 기호] – [속이 찬 정사각형 글머리 기호]를 선택하여 글머리 기호를 추가한다.

15   하단 표를 만들어보자. [삽입] 탭 – [표] 그룹 – [표]를 선택하고 [5*6] 표를 만든다.

16   첫 번째 열을 마우스로 드래그하여 선택하고, [레이아웃] 탭 – [병합] 그룹 – [셀 병합]을 선택하여 1개의 열로 만든다. 마찬가지로 4번째 열도 마우스로 드래그한 후 [레이아웃] 탭 – [병합] 그룹 – [셀 병합]을 선택하여 1개의 열로 만든다.

17   표 서식을 변경해보자. 마우스로 드래그하여 셀을 전체 선택한 다음, [테이블 디자인] 탭 – [표 스타일] 그룹 – [테두리] – [테두리 없음]을 선택하여 테두리를 없애고, [음영] – [채우기 없음]을 선택하여 음영도 없앤다.

18   [테이블 디자인] 탭 – [테두리 그리기] 그룹 – [펜 색]에서 [검정, 텍스트 1, 50% 더 밝게]를 선택하고, 굵기를 [0.75pt]로 변경한 다음 [표 스타일] 그룹 – [테두리] – [안쪽 테두리]를 선택하여 테두리를 넣는다.

19   첫 번째 열을 드래그하여 동시 선택하고 [테이블 디자인] 탭 – [표 스타일] 그룹 – [음영] – [밝은 회색, 배경2, 50% 더 어둡게]를 선택하여 음영을 준다. 두 번째 열, 네 번째 열에도 마찬가지로 같은 색상으로 음영을 준다.

20   첫 번째 열과 네 번째 열의 경우 [서식] 탭 [레이아웃] 탭 – [맞춤] 그룹 – [텍스트 방향] – [세로]를 선택한다.

21   텍스트를 입력하고 1, 2, 4열의 경우 텍스트 색상을 [흰색]으로 변경하고 내용을 채워서 완성한다.

| Preview |

📑 **예제 파일** 기획안 목업 슬라이드-완성.pptx   📁 **실습 파일** 기획안 목업 슬라이드-시작.pptx/그림4~5.jpg

만드는 법

1   [빈 화면 슬라이드] – [삽입] 탭 – [이미지] 그룹 – [그림] – [이 디바이스]를 선택하여 [그림4.jpg]를 삽입한다.

2   Shift 키를 누르면서 사진의 크기를 슬라이드 크기에 맞게 조율하고, [그림 형식] 탭 – [크기] 그룹 – [자르기] – [가로 세로 비율] – [16:9]를 선택하여 슬라이드 크기와 동일한 크기로 자른다.

3   [삽입] 탭 – [이미지] 그룹 – [그림] – [이 디바이스]를 선택하여 [그림5.jpg]를 삽입한다.

4   [그림 형식] 탭 – [크기] 그룹 – [자르기] – [도형 모양에 맞춰 자르기] – [모서리가 둥

근 직사각형]을 선택하여 자른다. [그림 형식] 탭 – [정렬] 그룹 – [회전] – [기타 회전 옵션]을 선택하고 회전 [309]를 입력한다.

5   노란색 동그라미 휠로 스마트폰 이미지 크기에 맞게 사진을 자른다.

6   [삽입] 탭 – [일러스트레이션] 그룹 – [도형] – [직사각형]을 선택하여 마우스로 드래그하여 직사각형을 삽입한다. 직사각형의 크기는 가로 [11cm], 세로 [3.7cm]로 한다.

7   [마우스 오른쪽 버튼] – [도형 서식] 탭 – [채우기] – [단색 채우기] – [색] – [흰색]으로 변경하고, [선] – [선 없음]을 선택하여 선을 없앤다.

8   [삽입] 탭 – [텍스트] 그룹 – [텍스트 상자] – [가로 텍스트 상자 그리기]를 선택하여 텍스트 상자를 삽입하고 설명 텍스트를 입력한다. 이때 텍스트 서식은 [Pretendard ExtraBold (제목), 24pt, 왼쪽 정렬]로 한다.

9   [삽입] 탭 – [일러스트레이션] 그룹 – [도형] – [선]을 삽입하여 사진과 흰색 직사각형을 연결시켜준다. **Ctrl** 키를 누르면서 선을 드래그하여 하나 더 복사한 다음 각도를 틀어서 꺾은 선 모양으로 만든다.

| Preview |

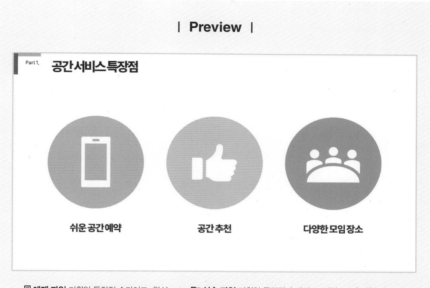

📋 **예제 파일** 기획안 특장점 슬라이드–완성.pptx 📁 **실습 파일** 기획안 특장점 슬라이드–시작.pptx/그림6~8.png

만드는 법

1 [빈 화면 슬라이드] – [삽입] 탭 – [일러스트레이션] 그룹 – [도형] – [직사각형]을 선택하여 세로로 길게 직사각형을 삽입한다. 이때 직사각형의 크기는 가로 [0.37cm], 세로 [1.93cm]로 한다.

2 [마우스 오른쪽 버튼] – [도형 서식] – [채우기] – [단색 채우기] – [색] – [회색, 텍스트 2]로 변경하고 [선] – [선 없음]을 선택하여 윤곽선을 없앤다.

3 **Ctrl**+**D**를 눌러 직사각형을 복사한 다음, [셰이프 형식] 탭 – [정렬] 그룹 – [회전] – [오른쪽으로 90도 회전]을 선택한 다음 왼쪽 직사각형의 바로 옆에 배치한다.

4   [마우스 오른쪽 버튼] – [도형 서식] – [채우기] – [단색 채우기] – [색] – [다홍, 강조1] 로 변경한다.

5   [삽입] 탭 – [텍스트] 그룹 – [텍스트 상자] – [가로 텍스트 상자 그리기]를 선택하여 'Part 2'이라고 입력한다. 이때 텍스트 서식은 [Pretendard (본문), 12pt, 왼쪽 정렬]로 한다.

6   제목 텍스트 상자를 삽입해보자. [삽입] 탭 – [텍스트] 그룹 – [텍스트 상자] – [가로 텍스트 상자 그리기]를 선택하여 '공간 서비스 특장점'라고 입력한다. 이때 텍스트 서식은 [Pretendard ExtraBold (제목), 32pt, 왼쪽 정렬]로 한다.

7   [삽입] 탭 – [일러스트레이션] 그룹 – [도형] – [원]을 선택하고 Shift 키를 누르면서 [정원]을 삽입한다. 이때 원 크기는 가로 [8cm], 세로 [8cm]로 한다.

8   [마우스 오른쪽 버튼] – [도형 서식] – [채우기] – [단색 채우기] – [색] – [다홍, 강조1] 로 하고, [선] – [선 없음]을 선택하여 윤곽선을 없앤다.

9   [삽입] 탭 – [일러스트레이션] 그룹 – [아이콘]을 선택하여 픽토그램을 삽입한다. (이 메뉴가 없는 버전으로 실습을 하는 경우 [이미지] 그룹 – [그림] – [이 디바이스]를 선택하여 [그림 6~8.jpg] 이미지를 불러온다.)

10 [그래픽 형식] 탭 – [그래픽 스타일] 그룹 – [그래픽 채우기] 메뉴에서 색을 [흰색]으로 변경한다.

11 [삽입] 탭 – [텍스트] 그룹 – [텍스트 상자] – [가로 텍스트 상자 그리기]를 선택하여 '쉬운 공간 예약'이라고 입력한다. 텍스트 서식은 [Pretendard ExtraBold (제목), 24pt, 가운데 정렬]로 한다.

12 원과 픽토그램, 텍스트 상자를 마우스로 드래그하여 동시 선택한 다음 개체 그룹화 단축키 Ctrl+G를 눌러 하나로 만든다. 개체 서식 복사 단축키 Ctrl+D를 눌러 총 3개의 원을 만든 다음 원의 색상을 변경해보자.

13 두 번째 원을 선택하고 [마우스 오른쪽 버튼] – [도형 서식] – [채우기] – [단색 채우기] – [색] 메뉴에서 [연한 주황, 강조3]으로 변경한다.

14 세 번째 원을 선택하고 [마우스 오른쪽 버튼] – [도형 서식] – [채우기] – [단색 채우기] – [색] 메뉴에서 [다홍, 강조5]로 변경한다.

15 텍스트 상자에 커서를 두고 내용을 변경한다. 픽토그램의 경우 픽토그램 이미지를 선택한 상태에서 [마우스 오른쪽 버튼] – [그래픽 변경]을 누르고 [아이콘] 메뉴를 선택하여 이미지를 변경하면 된다.

06 기획안 마케팅 방안 슬라이드 만들기

| Preview |

📄 **예제 파일** 기획안 마케팅 슬라이드-완성.pptx   📁 **실습 파일** 기획안 마케팅 슬라이드-시작.pptx/그림9~12.png

만드는 법

1 [빈 화면 슬라이드] – [삽입] 탭 – [일러스트레이션] 그룹 – [도형] – [직사각형]을 선택하여 세로로 길게 직사각형을 삽입한다. 이때 직사각형의 크기는 가로 [0.37cm], 세로 [1.93cm]로 한다.

PART 6 | 6단계 상황과 목적에 맞는 PPT 만들기   231

2   [마우스 오른쪽 버튼] – [도형 서식] – [채우기] – [단색 채우기] – [색] – [회색, 텍스트 2]로 변경하고 [선] – [선 없음]을 선택하여 윤곽선을 없앤다.

3   `Ctrl`+`D`를 눌러 직사각형을 복사한 다음, [셰이프 형식] 탭 – [정렬] 그룹 – [회전] – [오른쪽으로 90도 회전]을 선택한 다음 왼쪽 직사각형의 바로 옆에 배치한다.

4   [마우스 오른쪽 버튼] – [도형 서식] – [채우기] – [단색 채우기] – [색] – [다홍, 강조1]로 변경한다.

5   [삽입] 탭 – [텍스트] 그룹 – [텍스트 상자] – [가로 텍스트 상자 그리기]를 선택하여 'Part 3'이라고 입력한다. 이때 텍스트 서식은 [Pretendard (본문), 12pt, 왼쪽 정렬]로 한다.

6   제목 텍스트 상자를 삽입해보자. [삽입] 탭 – [텍스트] 그룹 – [텍스트 상자] – [가로 텍스트 상자 그리기]를 선택하여 '공간 서비스 특장점 마케팅 방안'이라고 입력한다. 이때 텍스트 서식은 [Pretendard ExtraBold (제목), 32pt, 왼쪽 정렬]로 한다.

7   [삽입] 탭 – [일러스트레이션] 그룹 – [도형] – [원형: 비어 있음]을 선택하고 마우스로 드래그하여 삽입한다. 크기는 가로 [11.3cm] 세로 [11.3cm]로 한다.

8   [마우스 오른쪽 버튼] – [도형 서식] – [채우기] – [단색 채우기] – [색]에서 [흰색, 배경 1, 5% 더 어둡게]를 선택하여 색상을 변경하고 [선] – [선 없음]을 선택하여 윤곽선을 없앤다.

9   [삽입] 탭 – [일러스트레이션] 그룹 – [도형] – [타원]을 선택하고 `Shift` 키를 누르면서 [정원]을 삽입한다. 이때 원의 크기는 가로 [3.6cm] 세로 [3.6cm]로 한다.

10   [마우스 오른쪽 버튼] – [도형 서식] – [채우기] – [단색 채우기] – [색]에서 [다홍, 강조 1]로 변경하고, [선] – [선 없음]을 선택하여 윤곽선을 없앤다.

11   [삽입] 탭 – [일러스트레이션] 그룹 – [아이콘]을 선택하여 픽토그램을 삽입한다. (해당 메뉴가 없는 버전에서 실습할 경우 [이미지] 그룹 – [그림] – [이 디바이스]에서 예제 파일을 불러와서 연습한다.)

12   [그래픽 형식] 탭 – [그래픽 스타일] 그룹 – [그래픽 채우기] – [색] – [흰색]으로 변경한다.

13   원과 픽토그램을 마우스로 드래그하여 동시 선택한 다음, 개체 그룹화 단축키 `Ctrl`+`G`로 하나의 개체로 만든다.

14 개체 복사 단축키 `Ctrl`+`D`를 눌러 총 4개의 원과 픽토그램 세트를 만들어주고 십자선 모양으로 배치한다.

15 픽토그램을 선택한 상태에서 [마우스 오른쪽 버튼] – [그래픽 변경] – [아이콘]을 선택하여 픽토그램을 변경한다. (해당 메뉴가 없는 경우 [이미지] 그룹 – [그림] – [이 디바이스]를 선택하여 그림9~12.jpg 이미지 파일을 불러온다.)

16 [삽입] 탭 – [텍스트] 그룹 – [텍스트 상자] – [가로 텍스트 상자 그리기]를 선택하여 설명에 해당하는 텍스트 상자를 삽입한다. 이때 텍스트 서식은 [Pretendard (본문), 18pt, 가운데 정렬]로 한다.

17 개체 복사 단축키 `Ctrl`+`D`를 이용하여 텍스트 상자를 총 4개 복사한 후 각각 원의 좌측, 우측, 상단, 하단에 위치할 수 있게 위치를 변경한다.

CHAPTER 4

강의 교안 디자인하기

| Preview |

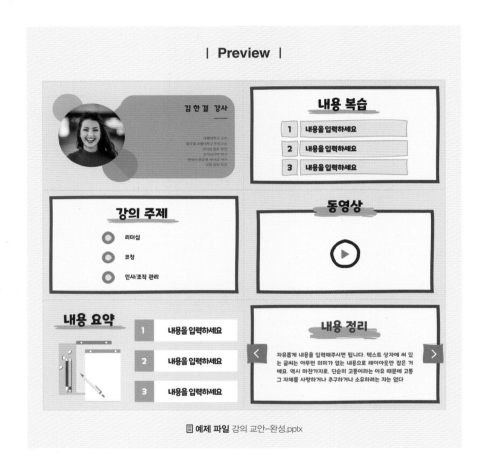

📑 **예제 파일** 강의 교안–완성.pptx

강의용 교안 PPT 슬라이드는 강사를 소개하는 프로필 슬라이드를 비롯해 수업 내용을 담을 슬라이드가 필요하다. 이 중에서 내용 복습이나 주제 등 강의에 포인트가 될 만한 슬라이드를 파워포인트 신규 기능인 아이콘과 테두리 모양 변경 기능을 활용하여 제작해보자.

01 강의 교안 프로필 슬라이드 만들기

| Preview |

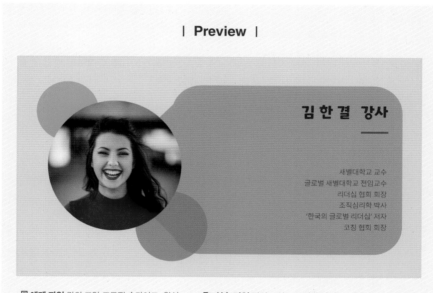

📑 **예제 파일** 강의 교안 프로필 슬라이드−완성.pptx 🗂 **실습 파일** 강의 교안 프로필 슬라이드−시작.pptx/그림1.jpg

만드는 법

1   [빈 화면 슬라이드] – [마우스 오른쪽 버튼] – [배경 서식] – [채우기] – [단색 채우기] – [색] – [황갈색, 강조4]로 변경한다.

2   [삽입] 탭 – [일러스트레이션] 그룹 – [도형] – [타원]을 선택한 뒤, Shift 키를 누르면서 마우스로 드래그하여 [정원]을 삽입한다. 이때 원의 크기는 가로, 세로 각각 [5.2cm]로 한다.

3   [마우스 오른쪽 버튼] – [도형 서식] – [채우기] – [단색 채우기] – [색] – [주황, #FB8625]으로 변경하고 [투명도] – [30%]으로 변경한다. [선] – [선 없음]을 선택하여 윤곽선을 없앤다.

4   주황색 원을 선택한 상태에서 개체 복사 단축키 Ctrl + D 를 눌러 원을 복사한다. 이때 원의 크기는 가로, 세로 각각 [6cm]로 한다.

5   [마우스 오른쪽 버튼] – [도형 서식] – [채우기] – [단색 채우기] – [색] – [진한 청록, 강조2]를 선택하고, [투명도] – [30%]으로 변경한다. [선] – [선 없음]을 선택하여 윤곽선을 없앤다.

6   [삽입] 탭 – [일러스트레이션] 그룹 – [도형] – [모서리가 둥근 사각형]을 선택한 뒤 마우스로 드래그하여 삽입한다. 크기는 세로 [14.6cm], 가로 [19.3cm]로 한다.

7   [삽입] 탭 – [일러스트레이션] 그룹 – [도형] – [직사각형]을 선택한 뒤 Shift 키를 누르며, 마우스로 드래그하여 삽입한다. [선] – [선 없음]을 선택하여 윤곽선을 없앤다.

8   [셰이프 형식] 탭 – [정렬] 그룹 – [회전] – [오른쪽으로 90도 회전]을 선택하여 회전시킨 다음 앞서 삽입한 모서리가 둥근 정사각형과 연결될 수 있도록 위치를 조정한다.

9   [삽입] 탭 – [이미지] 그룹 – [그림] – [이 디바이스]를 선택하여 프로필 사진(그림 1.jpg)을 불러온다.

10   Shift 키를 누르면서 크기를 조율한 다음 [셰이프 형식] 탭 – [크기] 그룹 – [자르기] – [도형에 맞춰 자르기] – [타원]을 선택한다.

11   다시 한번 [셰이프 형식] 탭 – [크기] 그룹 [자르기] – [가로 세로 비율] – [1:1]을 선택하여 [정원]으로 이미지를 자른다.

12   앞서 삽입한 주황색과 청록색 원 가운데에 프로필 사진이 위치할 수 있도록 한다.

13   약력에 해당하는 내용의 텍스트 상자를 삽입해보자. [삽입] 탭 – [텍스트] 그룹 – [텍스트 상자] – [가로 텍스트 상자 그리기]를 선택하여 '김한결 강사'라고 입력한다. 이때 서식은 [ONE 모바일 POP, 36pt]로 한다.

14   강사명 하단에 작게 바를 하나 삽입하자. [삽입] 탭 – [일러스트레이션] 그룹 – [도형] – [선]을 선택한 후 `Shift` 키를 누르면서 드래그하여 직선을 삽입한다.

15   [마우스 오른쪽 버튼] – [도형 서식] – [선] – [실선] 메뉴에서 너비를 [4.5pt]로 변경하고, 색상을 [회색, 텍스트2]로 변경한다.

16   구체적인 약력을 삽입할 텍스트 상자를 삽입해보자. [삽입] 탭 – [텍스트] 그룹 – [텍스트 상자] – [가로 텍스트 상자 그리기]를 선택한 후 약력 내용을 입력한다. 이때 서식은 [Pretendard Light, 18pt, 오른쪽 정렬]을 한다.

| Preview |

📑 **예제 파일** 강의 교안 내용 복습 슬라이드-완성.pptx   🗋 **실습 파일** 강의 교안 내용 복습 슬라이드-시작.pptx

만드는 법

1   [빈 화면 슬라이드] – [마우스 오른쪽 버튼] – [배경 서식] – [채우기] – [단색 채우기] – [색] – [황갈색, 강조4]로 변경한다.

2   [삽입] 탭 – [일러스트레이션] 그룹 – [도형] – [직사각형]을 선택하여 마우스로 드래그 하여 직사각형을 삽입한다. 크기는 세로 [16.46cm], 가로 [31.35cm]로 변경한다.

3   [셰이프 형식] 탭 – [도형 스타일] 그룹 – [도형 윤곽선] – [스케치] – [곡선]을 선택한다.

4   [마우스 오른쪽 버튼] – [도형 서식]을 선택한 후 [채우기] – [단색 채우기] – [색] – [흰 색, 배경1, 5% 더 어둡게]로 하고 [선] – [너비] – [15pt]로 변경한다. 선의 색상은 [진 한 청록, 강조3]으로 변경한다.

5   제목에 해당하는 텍스트 상자를 삽입해보자. [삽입] 탭 – [텍스트] 그룹 – [텍스트 상자] – [가로 텍스트 상자 그리기]를 선택하고 '내용 복습'이라고 입력한다. 이때 서식은 [ONE 모바일 POP, 66pt, 가운데 정렬]로 하고, 색상은 [진한 회색, 텍스트 1, 25% 더 어둡게]로 한다.

6   [삽입] 탭 – [일러스트레이션] 그룹 – [아이콘] – [일러스트레이션] 탭 – [무늬]에서 [페인트 모양의 무늬]를 선택하여 삽입한다.

7   [마우스 오른쪽 버튼] – [도형 서식] – [채우기] – [단색 채우기] – [색] – [황갈색, 강조 4, 25% 더 어둡게]를 선택한 다음 제목 텍스트 하단에 배치한다.

8   [삽입] 탭 – [일러스트레이션] 그룹 – [도형] – [직사각형]을 선택하여 Shift 키를 누르면서 마우스로 드래그하여 직사각형을 삽입한다. 이때 크기는 세로 [2.7cm], 가로 [2.7cm]로 한다.

9   [셰이프 형식] 탭 – [도형 스타일] 그룹 – [도형 윤곽선] – [스케치] – [곡선]을 선택한다.

10 [마우스 오른쪽 버튼] – [도형 서식] – [채우기] – [단색 채우기] – [색] – [황갈색, 강조 4]로 변경하고, [선] – [실선] – [색] – [흰색, 배경1, 35% 더 어둡게]로 변경하여 너비를 [3pt]로 한다.

11 개체 복사 단축키 Ctrl+D 를 눌러 직사각형을 복사한 후 크기를 세로 [2.7cm], 가로 [18cm]로 변경한다.

12 [삽입] 탭 – [텍스트] 그룹 – [텍스트 상자] – [가로 텍스트 상자 그리기]를 선택하여 숫자 '1'을 입력한다. 이때 텍스트 서식은 [ONE 모바일 POP (본문), 40pt, 굵게, 가운데 정렬]로 한다.

13 [삽입] 탭 – [텍스트] 그룹 – [텍스트 상자] – [가로 텍스트 상자 그리기]를 선택하여 내용 텍스트 상자를 입력한다. 이때 텍스트 서식은 [ONE 모바일 POP (제목), 36pt, 굵게, 왼쪽 정렬]로 한다.

14 마우스로 드래그하여 직사각형 2개를 다중 선택하고, 개체 그룹화 단축키 Ctrl+G 로 하나로 만든 다음, Ctrl+D 로 복사하여 총 3개의 세트를 만든다.

15 텍스트를 수정하고 눈금자선 단축키 Alt+F9 를 선택하여, 가운데로 정렬하여 마무리한다.

| Preview |

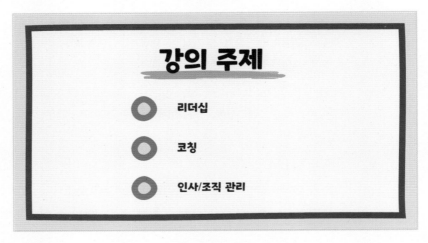

▤ **예제 파일** 강의 교안 강의 주제 슬라이드-완성.pptx ▢ **실습 파일** 강의 교안 강의 주제 슬라이드-시작.pptx

만드는 법

1   [빈 화면 슬라이드] – [마우스 오른쪽 버튼] – [배경 서식] – [채우기] – [단색 채우기] – [색] – [황갈색, 강조4]로 변경한다.

2   [삽입] 탭 – [일러스트레이션] 그룹 – [도형] – [직사각형]을 선택하고 마우스로 드래그 하여 직사각형을 삽입한다. 크기는 세로 [16.46cm], 가로 [31.35cm]로 변경한다.

3   [셰이프 형식] 탭 – [도형 스타일] 그룹 – [도형 윤곽선] – [스케치] – [곡선]을 선택한다.

4   [마우스 오른쪽 버튼] – [도형 서식]을 선택한 후, [채우기] – [단색 채우기] – [색] – [흰색, 배경1, 5% 더 어둡게]로 하고 [선] – [너비] – [15pt]로 변경한다. 선의 색상은

[진한 청록, 강조3]으로 변경한다.

5   제목에 해당하는 텍스트 상자를 삽입해보자. [삽입] 탭 – [텍스트] 그룹 – [텍스트 상
     자] – [가로 텍스트 상자 그리기]를 선택하고 '강의 주제'라고 입력한다. 이때 서식은
     [ONE 모바일 POP, 66pt, 가운데 정렬]로 하고, 색상은 [진한 회색, 텍스트 1, 25% 더
     어둡게]로 한다.

6   [삽입] 탭 – [일러스트레이션] 그룹 – [아이콘] – [일러스트레이션] 탭 – [무늬]에서 [페
     인트 모양의 무늬]를 선택하여 삽입한다.

7   [마우스 오른쪽 버튼] – [도형 서식] – [채우기] – [단색 채우기] – [색] – [황갈색, 강조
     4, 25% 더 어둡게]를 선택한 다음 제목 텍스트 하단에 배치한다.

8   [삽입] 탭 – [일러스트레이션] 그룹 – [도형] – [타원]을 선택하고, Shift 키를 누르면
     서 마우스로 드래그하여 삽입한다. 크기는 가로 [1.6cm], 세로 [1.6cm]로 한다.

9   [셰이프 형식] 탭 – [도형 스타일] 그룹 – [도형 윤곽선] – [스케치] – [곡선]을 선택한다.

10   [마우스 오른쪽 버튼] – [도형 서식] – [채우기] – [단색 채우기] – [색] – [청록, 강조1,
     60% 더 밝게]로 색상을 변경한다.

11   [도형 서식] – [선] 그룹에서는 [너비] – [15pt]로 변경한다.

12   항목에 해당하는 텍스트 상자를 삽입하자. [삽입] 탭 – [텍스트] 그룹 – [텍스트 상자]
     – [가로 텍스트 상자 그리기]를 선택하여 삽입한다. 이때 텍스트 서식은 [ONE 모바일
     POP (본문), 28pt, 왼쪽 정렬]로 한다.

13   원과 텍스트 상자를 마우스로 드래그하여 동시 선택한 후 Ctrl+G 를 눌러 1개의 개
     체로 그룹화한다.

14   개체 복사 단축키 Ctrl+D 를 눌러서 총 3개의 세트로 만든다.

15   텍스트 내용을 수정하고 가운데로 배열한다.

| Preview |

📋 **예제 파일** 강의 교안 동영상 슬라이드-완성.pptx 📁 **실습 파일** 강의 교안 동영상 슬라이드-시작.pptx

만드는 법

1 [빈 화면 슬라이드] – [마우스 오른쪽 버튼] – [배경 서식] – [채우기] – [단색 채우기]
– [색] – [황갈색, 강조4]로 변경한다.

2 [삽입] 탭 – [일러스트레이션] 그룹 – [도형] – [직사각형]을 선택하여 마우스로 드래그
하여 직사각형을 삽입한다. 크기는 세로 [16.46cm], 가로 [31.35cm]로 변경한다.

3 [셰이프 형식] 탭 – [도형 스타일] 그룹 – [도형 윤곽선] – [스케치] – [곡선]을 선택한다.

4 [마우스 오른쪽 버튼] – [도형 서식]을 선택한 후 [채우기] – [단색 채우기] – [색] – [흰
색, 배경1, 5% 더 어둡게]로 하고 [선] – [너비] – [15pt]로 변경한다. 선의 색상은 [진

한 청록, 강조3]으로 변경한다.

5   제목에 해당하는 텍스트 상자를 삽입해보자. [삽입] 탭 - [텍스트] 그룹 - [텍스트 상
    자] - [가로 텍스트 상자 그리기]를 선택하고 '동영상'이라고 입력한다. 이때 서식은
    [ONE 모바일 POP, 66pt, 가운데 정렬]로 하고, 색상은 [진한 회색, 텍스트 1, 25% 더
    어둡게]로 한다.

6   [삽입] 탭 - [일러스트레이션] 그룹 - [아이콘] - [일러스트레이션] 탭 - [무늬]에서 [페
    인트 모양의 무늬]를 선택하여 삽입한다.

7   [삽입] 탭 - [일러스트레이션] 그룹 - [도형] - [타원]을 선택하고 Shift 키를 누르고
    [정원]을 삽입한다. 크기는 가로 [4.5cm], 세로 [4.5cm]로 한다.

8   [셰이프 형식] 탭 - [도형 스타일] 그룹 - [도형 윤곽선] - [스케치] - [곡선]을 선택한다.

9   [마우스 오른쪽 버튼] - [도형 서식] - [선] - [실선] - [너비] - [15pt]로 하고, 색은
    [흰색, 배경2, 75% 더 어둡게]로 한다.

10 재생 버튼 모양의 삼각형을 만들어보자. [삽입] 탭 - [일러스트레이션] 그룹 - [도형] -
    [이등변 삼각형]을 선택하여 삽입한다. 크기는 가로, 세로 각각 [1.5cm]로 한다.

11 [마우스 오른쪽 버튼] - [도형 서식] - [채우기] - [단색 채우기] - [빨강]으로 색상을
    변경하고, [선] - [선 없음]을 선택하여 윤곽선을 없앤다.

| Preview |

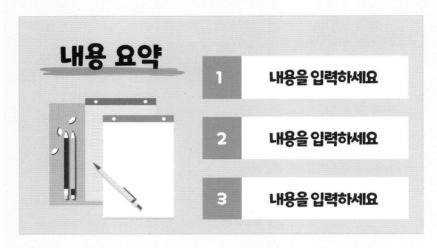

📖 **예제 파일** 강의 교안 내용 요약 슬라이드–완성.pptx 📁 **실습 파일** 강의 교안 내용 요약 슬라이드–시작.pptx

만드는 법

1 [빈 화면 슬라이드] – [마우스 오른쪽 버튼] – [배경 서식] – [채우기] – [단색 채우기] – [색] – [황갈색, 강조4]로 변경한다.

2 [삽입] 탭 – [텍스트] 그룹 – [텍스트 상자] – [가로 텍스트 상자 그리기]를 선택하여 '내용 요약'이라고 입력한다. 이때 텍스트 서식은 [ONE 모바일 POP (본문), 66pt, 가운데 정렬]로 한다.

3 [삽입] 탭 – [일러스트레이션] 그룹 – [아이콘] – [일러스트레이션] 탭 – [무늬]에서 [페인트 모양의 무늬]를 선택하여 삽입한다.

4 [삽입] 탭 – [일러스트레이션] 그룹 – [아이콘] – [일러스트레이션] 탭 – [교육]에서 [노트 이미지 그림]을 선택하여 삽입한다.

5 [셰이프 형식] 탭 – [도형 스타일] 그룹 – [도형 채우기] 메뉴에서 도형 색상을 변경한다. 이때 그룹화 해제 단축키 **Ctrl** + **Shift** + **G** 를 통해 각각 도형을 편집해도 좋다.

6 우측 목록화 그룹의 직사각형을 삽입해보자. [삽입] 탭 – [일러스트레이션] 그룹 – [도형] – [직사각형]을 선택, 마우스로 드래그하여 직사각형을 삽입한다. 이때 크기는 가로 [3.3cm], 세로 [3.7cm]로 한다.

7 [마우스 오른쪽 버튼] – [도형 서식] – [채우기] – [단색 채우기] – [색] – [청록, 강조1]로 하며, [선] – [선 없음]을 선택한다.

8 직사각형을 선택한 상태에서 **Ctrl** + **D** 를 눌러 직사각형을 복사하고 크기와 색상을 변경해보자. 가로 [14cm], 세로 [3.7cm]로 하며, 색상은 [마우스 오른쪽 버튼] – [도형 서식] – [도형 채우기] – [색] – [흰색]을 선택하여 변경한다.

9 [삽입] 탭 – [텍스트] 그룹 – [텍스트 상자] – [가로 텍스트 상자 그리기]를 선택하여 숫자 '1'를 삽입한다. 텍스트 서식은 [ONE 모바일 POP (제목), 40pt, 가운데 정렬, 흰색]으로 한다.

10 다음으로 내용 텍스트 상자를 삽입해보자. [삽입] 탭 – [텍스트] 그룹 – [텍스트 상자] – [가로 텍스트 상자 그리기]를 선택하여 내용 텍스트 상자를 삽입한다. 텍스트 서식은 [ONE 모바일 POP (제목), 40pt, 가운데 정렬, 검정]으로 한다.

11 텍스트 상자 2가지와 직사각형 2가지를 마우스로 드래그하여 동시에 선택한 다음, 개체 그룹화 단축키 **Ctrl** + **G** 를 눌러 하나의 개체로 만든다.

12 개체 복사 단축키 **Ctrl** + **D** 를 이용하여 총 3가지 세트를 만들어 준 다음, 텍스트 내용을 수정하여 완성한다.

| Preview |

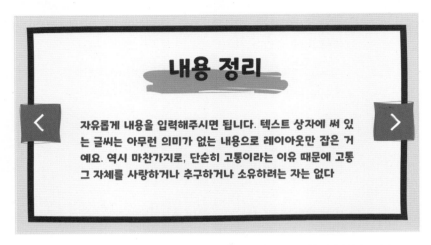

📒 **예제 파일** 강의 교안 내용 정리 슬라이드-완성.pptx 📁 **실습 파일** 강의 교안 내용 정리 슬라이드-시작.pptx

만드는 법

1 [빈 화면 슬라이드] – [마우스 오른쪽 버튼] – [배경 서식] – [채우기] – [단색 채우기]
– [색] – [황갈색, 강조4]로 변경한다.

2 [삽입] 탭 – [일러스트레이션] 그룹 – [도형] – [직사각형]을 선택하여 마우스로 드래그
하여 직사각형을 삽입한다. 크기는 세로 [16.46cm], 가로 [31.35cm]로 변경한다.

3 [셰이프 형식] 탭 – [도형 스타일] 그룹 – [도형 윤곽선] – [스케치] – [곡선]을 선택한다.

4 [마우스 오른쪽 버튼] – [도형 서식]을 선택한 후 [채우기] – [단색 채우기] – [색] – [흰
색, 배경1, 5% 더 어둡게]로 하고 [선] – [너비] – [15pt]로 변경한다. 선의 색상은 [진

한 청록, 강조3]으로 변경한다.

5   제목에 해당하는 텍스트 상자를 삽입해보자. [삽입] 탭 – [텍스트] 그룹 – [텍스트 상자] – [가로 텍스트 상자 그리기]를 선택하고 '내용 정리'라고 입력한다. 이때 서식은 [ONE 모바일 POP, 66pt, 가운데 정렬]로 하고, 색상은 [진한 회색, 텍스트 1, 25% 더 어둡게]로 한다.

6   [삽입] 탭 – [일러스트레이션] 그룹 – [아이콘] – [일러스트레이션] 탭 – [무늬]에서 [페인트 모양의 무늬]를 선택하여 삽입한다.

7   양옆 화살표 역할을 하는 직사각형과 꺽쇠를 만들어보자. [삽입] 탭 – [일러스트레이션] 그룹 – [도형] – [직사각형]을 선택하고 Shift 키를 누른 채로 정사각형을 삽입한다.

8   [마우스 오른쪽 버튼] – [도형 서식] – [도형 채우기] – [색] – [짙은 회색, 강조6]을 선택한다.

9   [셰이프 형식] 탭 – [도형 스타일] 그룹 – [도형 윤곽선] – [스케치] – [곡선]을 선택한다.

10   [삽입] 탭 – [일러스트레이션] 그룹 – [도형] – [화살표: 갈매기형 수장]을 선택하고 마우스로 드래그하여 삽입한다. 노란색 핸들로 꺽쇠 모양으로 조율한다.

11   [마우스 오른쪽 버튼] – [도형 서식] – [채우기] – [단색 채우기] – [색] – [흰색]으로 변경하고, [선] – [선 없음]으로 선택하여 윤곽선을 없애준다.

12   마우스로 드래그하여 직사각형과 화살표를 동시 선택한 다음, 개체 그룹화 단축키 Ctrl+G를 눌러 1개의 개체로 만든다.

13   개체 복사 단축키 Ctrl+D를 눌러 개체를 복사하고, [셰이프 형식] 탭 – [정렬] 그룹 – [회전] – [좌우 대칭]을 선택한다.

14   마우스와 키보드 화살표 키로 위치를 조율한다.

15   [삽입] 탭 – [텍스트] 그룹 – [텍스트 상자] – [가로 텍스트 상자 그리기]를 선택하여 내용 텍스트 상자를 삽입한다. 이때 텍스트 서식은 [ONE 모바일 POP (본문), 28pt, 양쪽 정렬, 검정]으로 한다.

| Preview |

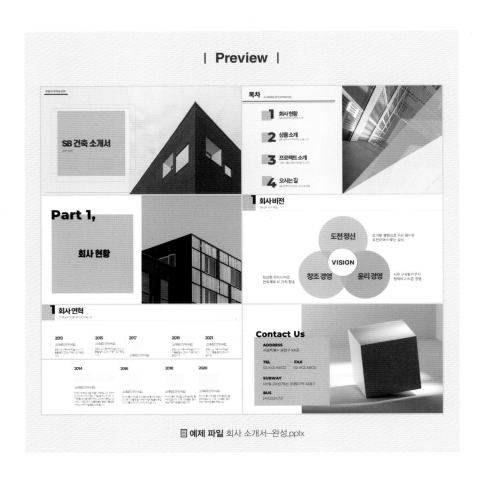

📑 **예제 파일** 회사 소개서-완성.pptx

회사 소개서 디자인은 회사의 이미지 컬러를 선정하는 것과 표지와 목차 등에 사용할 사진을 선정하는 것이 가장 중요하다. 경우에 따라서는 컨셉 보드를 작성하는 것도 도움이 된다. 표지와 목차에 사용할 분위기 있는 사진은 앞선 part에서 소개했던 언스플래쉬나 픽셀즈 등의 웹사이트에서 찾을 수 있으며, 유료 이미지를 구입하는 것도 도움이 된다.

회사 연혁과 회사 비전, 연락처 슬라이드 등을 직접 만들면서 소개서 PPT 디자인에 대한 감각을 익혀보자.

01 회사 소개서 표지 슬라이드 만들기

| Preview |

📑 **예제 파일** 회사 소개서 표지-완성.pptx 📁 **실습 파일** 회사 소개서 표지-시작.pptx/그림1.jpg

만드는 법

1   [빈 화면 슬라이드] – [삽입] 탭 – [이미지] 그룹 – [그림] – [이 디바이스]를 선택하여, [그림1.jpg] 이미지를 불러온다.

2   Shift 키를 누르면서 사진 크기를 조율한다. [마우스 오른쪽 버튼] – [배경 서식] – [색] – [스포이트] 선택해서 사진 배경에서 색을 가져온다.

3   [삽입] 탭 – [텍스트] 그룹 – [텍스트 상자] – [가로 텍스트 상자 그리기]를 선택하여 회사명을 입력하고 좌측 상단에 배치한다. 이때 텍스트 서식은 [Pretendard Light (본문), 14pt, 왼쪽 정렬]로 한다.

4   [삽입] 탭 – [일러스트레이션] 그룹 – [도형] – [선]을 선택하고 Shift 키를 누르면서 직선을 하단에 삽입한다.

5   [삽입] 탭 – [일러스트레이션] 그룹 – [도형] – [직사각형]을 선택하고 Shift 키를 누르면서 마우스로 드래그하여 정사각형을 삽입한다.

6   [마우스 오른쪽 버튼] – [도형 서식] – [채우기] – [단색 채우기] – [색] – [황금색, 강조 1]을 선택하여 색상을 변경한다. 투명도를 [20%]로 변경하고 [선] – [선 없음]을 선택하여 윤곽선을 없앤다.

7   Ctrl 키를 누르고 마우스로 드래그하여 정사각형을 복사한다. 이번에는 [도형 서식] – [채우기] – [채우기 없음]으로 변경하고, [선] – [실선]을 선택한 후 선의 색상을 [황금색, 강조1]로 변경한다.

8   Ctrl 키를 누르면서 반복적으로 드래그하여 도형이 겹치질 수 있도록 한다.

9   노란색 정사각형을 선택한 다음 [마우스 오른쪽 버튼] – [맨 앞으로 보내기]를 선택하여 노란색 정사각형을 맨 위에 배치시킨다.

10   [삽입] 탭 – [텍스트] 그룹 – [텍스트 상자] – [가로 텍스트 상자 그리기]를 선택하여 'SB 건축 소개서'라고 입력한다. 이때 텍스트 서식은 [에스코어 드림 9 Black, 38pt, 글꼴 굵게, 왼쪽 정렬]로 한다.

11   [삽입] 탭 – [텍스트] 그룹 – [텍스트 상자] – [가로 텍스트 상자 그리기]를 선택하여 '날짜'를 입력한다. 이때 텍스트 서식은 [Montserrat Light (본문), 11pt, 왼쪽 정렬]로 한다.

| Preview |

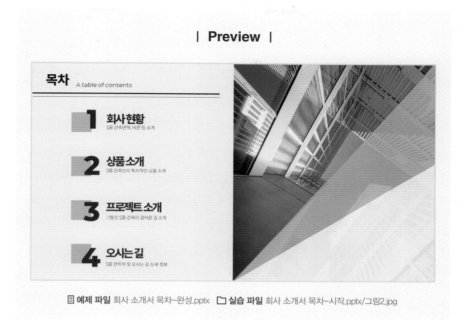

📄 **예제 파일** 회사 소개서 목차-완성.pptx 📁 **실습 파일** 회사 소개서 목차-시작.pptx/그림2.jpg

만드는 법

1 [빈 화면 슬라이드] – [마우스 오른쪽 버튼] – [배경 서식] – [채우기] – [단색 채우기] – [색] – [흰색, 배경1, 5% 더 어둡게]를 선택하여 배경색을 변경한다.

2 [삽입] 탭 – [이미지] 그룹 – [그림] – [이 디바이스]를 선택하고 [그림2.jpg] 이미지를 불러온다.

3 눈금자선 단축키 Alt + F9 를 눌러 활성화시키고, 사진이 슬라이드 절반을 차지할 수 있도록 배치한 다음, [그림 형식] – [크기] 그룹 – [자르기] 메뉴로 사진을 자른다.

4 [삽입] 탭 – [텍스트] 그룹 – [텍스트 상자] – [가로 텍스트 상자 그리기]를 선택하여

'목차'라고 입력하고, 텍스트 서식을 [Pretendard ExtraBold (제목), 32pt, 왼쪽 정렬]로 한다.

5   [삽입] 탭 – [텍스트] 그룹 – [텍스트 상자] – [가로 텍스트 상자 그리기]를 선택하여 'A table of contents'라고 입력하고 '목차' 텍스트 우측에 배치한다. 이때 텍스트 서식은 [Montserrat Light (본문), 14pt, 왼쪽 정렬]로 한다.

6   [삽입] 탭 – [일러스트레이션] 그룹 – [도형] – [선]을 선택하고 **Shift** 키를 누르면서 직선을 삽입한다. 이때 직선 길이는 [15.3cm]로 한다.

7   [도형 서식] 탭 – [도형 스타일] 그룹 – [도형 윤곽선] – [두께] – [3pt]로 변경한다.

8   개체 복사 단축키 **Ctrl**+**D**를 눌러 직선을 복사한 다음, 두께를 [1pt]로 변경한다.

9   [삽입] 탭 – [일러스트레이션] 그룹 – [도형] – [직사각형]을 선택한 다음, **Shift** 키를 누르면서 마우스로 드래그하여 직사각형을 삽입한다. 크기는 가로, 세로 각각 [1.7cm]로 한다.

10 [마우스 오른쪽 버튼] – [도형 서식] – [채우기] – [단색 채우기] – [색] – [황금색, 강조 1]로 하고, [선] – [선 없음]을 선택하여 윤곽선을 없애준다.

11 [삽입] 탭 – [텍스트] 그룹 – [텍스트 상자] – [가로 텍스트 상자 그리기]를 선택하여 숫자 '1'를 입력한다. 이때 텍스트 서식은 [Montserrat ExtraBold (제목), 66pt, 왼쪽 정렬]로 한다.

12 숫자 '1'을 황금색 정사각형 우측 상단에 바로 붙게 위치를 조율한다. 마우스나 키보드의 화살표로 조절하면 된다.

13 [삽입] 탭 – [텍스트] 그룹 – [텍스트 상자] – [가로 텍스트 상자 그리기]를 선택하여 '회사 현황'이라고 입력한다. 이때 텍스트 서식은 [Pretendard ExtraBold (제목), 28pt, 왼쪽 정렬]로 한다.

14 [삽입] 탭 – [텍스트] 그룹 – [텍스트 상자] – [가로 텍스트 상자 그리기]로 'SB 건축 연혁, 비전 등 소개' 등의 텍스트를 입력하고 텍스트 서식을 [Pretendard Light (본문), 11pt, 왼쪽 정렬]로 한다.

15 황금색 직사각형, 숫자, 제목 텍스트 상자, 내용 텍스트 상자를 마우스로 드래그하여 다중 선택한 다음, 개체 그룹화 단축키 **Ctrl**+**G**를 눌러 하나의 개체로 만든다.

16   개체 복사 단축키 `Ctrl`+`D`를 눌러 총 4개의 목차 세트를 만든다.

17   텍스트를 수정하고 마우스와 키보드 화살표 키로 위치를 조율하여 완성한다.

---

03   **회사 소개서 소표지 슬라이드 만들기**

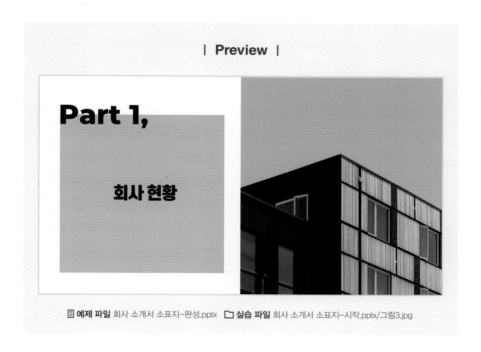

| Preview |

📋 **예제 파일** 회사 소개서 소표지-완성.pptx   📂 **실습 파일** 회사 소개서 소표지-시작.pptx/그림3.jpg

---

만드는 법

1   [빈 화면 슬라이드] – [삽입] 탭 – [이미지] 그룹 – [그림] – [이 디바이스]를 선택하여 [그림3.jpg] 이미지를 불러온다.

2   눈금자선 단축키 `Alt`+`F9`를 눌러 십자선을 활성화시킨 다음, 사진이 우측 절반을 차

지할 수 있도록 크기를 조율한다. [그림 형식] – [크기] 그룹 – [자르기] 메뉴로 사진을 자른다.

3 [삽입] 탭 – [일러스트레이션] 그룹 – [도형] – [직사각형]을 선택하여 Shift 키를 누르면서 정사각형을 삽입한다. 이때 정사각형의 크기는 가로, 세로 각각 [14cm]로 설정한다. 크기는 [셰이프 형식] 탭 – [크기] 그룹에서 수정할 수 있다.

4 [마우스 오른쪽 버튼] – [도형 서식] 메뉴에서 [채우기] – [단색 채우기] – [색] – [황금색, 강조1]을 선택하고 [선] – [선 없음]을 선택하여 윤곽선을 없앤다.

5 [삽입] 탭 – [텍스트] 그룹 – [텍스트 상자] – [가로 텍스트 상자 그리기]를 선택하여 'Part 1'이라고 입력한다. 이때 텍스트 서식은 [Montserrat ExtraBold (제목), 66pt, 왼쪽 정렬]로 한다.

6 [삽입] 탭 – [텍스트] 그룹 – [텍스트 상자] – [가로 텍스트 상자 그리기]를 선택하여 '회사 현황'이라고 입력한다. 이때 텍스트 서식은 [에스코어 드림 9 Black, 40pt, 가운데 정렬]로 한다.

| Preview |

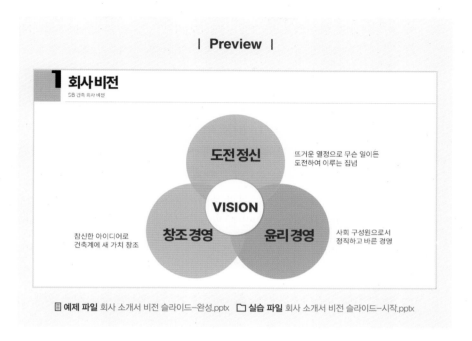

📋 **예제 파일** 회사 소개서 비전 슬라이드−완성.pptx   📁 **실습 파일** 회사 소개서 비전 슬라이드−시작.pptx

만드는 법

1   [빈 화면 슬라이드] – [삽입] 탭 – [일러스트레이션] 그룹 – [도형] – [직사각형]을 선택하고, 마우스로 드래그하여 좌측 상단에 직사각형을 삽입한다.

2   [마우스 오른쪽 버튼] – [도형 서식] – [채우기] – [단색 채우기] – [색] – [황금색, 강조 1]을 선택하고, [선] – [선 없음]을 선택한다.

3   [삽입] 탭 – [텍스트] 그룹 – [텍스트 상자] – [가로 텍스트 상자 그리기]를 선택하여 숫자 '1'을 삽입한다. [Montserrat ExtraBold (제목), 66pt, 왼쪽 정렬]로 서식을 준 다음, 직사각형 우측 상단에 배치한다.

4   [삽입] 탭 – [텍스트] 그룹 – [텍스트 상자] – [가로 텍스트 상자 그리기]를 선택하여 '회사 비전'이라는 텍스트를 삽입한다. 이때 텍스트 서식은 [Pretendard ExtraBold (제목), 36pt, 왼쪽 정렬]로 한다.

5   [삽입] 탭 – [텍스트] 그룹 – [텍스트 상자] – [가로 텍스트 상자 그리기]를 선택하여 'SB 건축 회사 비전'이라는 텍스트를 삽입한다. 이때 텍스트 서식은 [Montserrat Light (본문), 12pt, 왼쪽 정렬]로 한다.

6   [삽입] 탭 – [일러스트레이션] 그룹 – [도형] – [선]을 선택하고, `Shift` 키를 눌러 직선을 삽입한다.

7   [삽입] 탭 – [일러스트레이션] 그룹 – [도형] – [원]을 선택하여, `Shift` 키를 눌러 [정원]을 삽입한다. 크기는 [8.3cm]로 한다.

8   [마우스 오른쪽 버튼] – [도형 서식] – [채우기] – [단색 채우기] – [색] – [황금색, 강조 1] – [투명도, 20%]로 변경한다.

9   `Ctrl` 키를 누르며 마우스로 드래그하여 원을 복사한 다음, 색을 [황갈색, 강조3]으로 변경한다.

10   `Ctrl` 키를 누르며 마우스로 드래그하여 원을 복사한 다음, 색을 [회색, 강조4]로 변경한다.

11   [삽입] 탭 – [일러스트레이션] 그룹 – [도형] – [원]을 선택하고, `Shift` 키를 눌러 [정원]을 삽입한다. 크기는 [4.9cm]로 한다.

12   [마우스 오른쪽 버튼] – [도형 서식] – [채우기] – [단색 채우기] – [색] – [흰색]으로 변경하고, [선] – [선 없음]을 선택하여 윤곽선을 없앤다.

13   [마우스 오른쪽 버튼] – [도형 서식] – [효과] – [미리 설정] – [바깥쪽: 오른쪽 아래]를 선택한다.

14   흐리게 [6pt], 간격 [1pt]로 변경한다.

15   [삽입] 탭 – [텍스트] 그룹 – [텍스트 상자] – [가로 텍스트 상자 그리기]를 선택하여, 원 안에 삽입할 '기업 가치' 텍스트 상자를 만든다. 텍스트 서식은 [Pretendard ExtraBold (제목), 36pt]로 한다.

16   가운데 들어갈 텍스트 상자를 삽입해보자. [삽입] 탭 – [텍스트] 그룹 – [텍스트 상자]

– [가로 텍스트 상자 그리기]를 선택한 후, 'VISION'이라고 입력한다. 이때 텍스트 서식은 [Pretendard ExtraBold (제목), 32pt, 가운데 정렬]로 한다.

17 가치 내용 세부 사항을 작성할 텍스트 상자를 삽입해보자. [삽입] 탭 – [텍스트] 그룹 – [텍스트 상자] – [가로 텍스트 상자 그리기]를 선택하여 텍스트 내용을 삽입한다. 텍스트 서식은 [Pretendard Light (본문), 18pt]로 한다.

05 회사 소개서 연혁 슬라이드 만들기

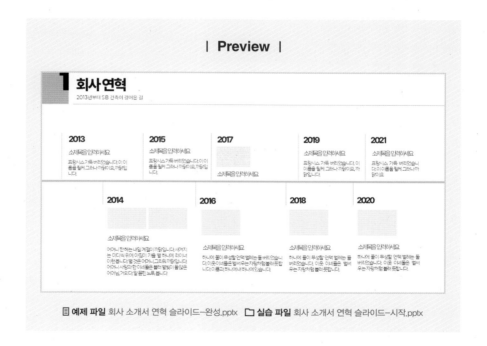

| Preview |

📄 **예제 파일** 회사 소개서 연혁 슬라이드–완성.pptx 📁 **실습 파일** 회사 소개서 연혁 슬라이드–시작.pptx

만드는 법

1 [빈 화면 슬라이드] – [삽입] 탭 – [일러스트레이션] 그룹 – [도형] – [직사각형]을 선택하고, 마우스로 드래그하여 좌측 상단에 직사각형을 삽입한다.

2 [마우스 오른쪽 버튼] – [도형 서식] – [채우기] – [단색 채우기] – [색] – [황금색, 강조 1]을 선택하고 [선] – [선 없음]을 선택한다.

3 [삽입] 탭 – [텍스트] 그룹 – [텍스트 상자] – [가로 텍스트 상자 그리기]를 선택하여 숫자 '1'을 삽입한다. [Montserrat ExtraBold (제목), 66pt, 왼쪽 정렬]로 서식을 준 다음, 직사각형 우측 상단에 배치한다.

4 [삽입] 탭 – [텍스트] 그룹 – [텍스트 상자] – [가로 텍스트 상자 그리기]를 선택하여 '회사 연혁'이라는 텍스트를 삽입한다. 이때 텍스트 서식은 [Pretendard ExtraBold (제목), 36pt, 왼쪽 정렬]로 한다.

5 [삽입] 탭 – [텍스트] 그룹 – [텍스트 상자] – [가로 텍스트 상자 그리기]를 선택하여 '2013년부터 SB 건축이 걸어온 길'이라는 텍스트를 삽입한다. 이때 텍스트 서식은 [Montserrat Light (본문), 12pt, 왼쪽 정렬]로 한다.

6 [삽입] 탭 – [일러스트레이션] 그룹 – [도형] – [선]을 선택하고, Shift 키를 눌러 직선을 삽입한다.

7 [삽입] 탭 – [일러스트레이션] 그룹 – [도형] – [선]을 선택하고, Shift 키를 눌러 연도의 기준점이 될 직선을 가운데 길게 삽입한다.

8 [셰이프 형식] 탭 – [도형 스타일] 그룹 – [도형 윤곽선] – [두께] – [4.5pt]로 변경한다.

9 [삽입] 탭 – [일러스트레이션] 그룹 – [도형] – [선]을 선택하고, Shift 키를 누르면서 세로로 길게 직선을 삽입한다.

10 개체 복사 단축키 Ctrl+D로 직선을 복사해서 위아래로 배치시키고, 마우스와 키보드 화살표 키로 위치를 조율한다.

11 연도에 해당하는 텍스트 상자를 삽입해보자. [삽입] 탭 – [텍스트] 그룹 – [텍스트 상자] – [가로 텍스트 상자 그리기]를 선택하고 '2013'이라고 입력한다. 서식은 [Pretendard ExtraBold (제목), 20pt, 왼쪽 정렬]을 한다.

12 개체 복사 단축키 `Ctrl`+`D`를 눌러 연도 텍스트 상자를 복사하여 선 우측에 배치한다.

13 [삽입] 탭 – [텍스트] 그룹 – [텍스트 상자] – [가로 텍스트 상자 그리기]를 선택하여 '소제목 텍스트 상자'를 삽입한다. 이때 텍스트 서식은 [Pretendard Light (본문), 16pt, 왼쪽 정렬]로 한다.

14 세부 항목 텍스트 상자를 삽입해보자. [삽입] 탭 – [텍스트] 그룹 – [텍스트 상자] – [가로 텍스트 상자 그리기]를 선택하여 구체적인 내용을 삽입한다. 이때 텍스트 서식은 Pretendard Light (본문), 12pt, 양쪽 정렬]로 한다.

06 회사 소개서 연락처 슬라이드 만들기

| Preview |

📑 **예제 파일** 회사 소개서 연락처 슬라이드-완성.pptx　📂 **실습 파일** 회사 소개서 연락처 슬라이드-시작.pptx/그림4.jpg

만드는 법

1 [빈 화면 슬라이드] – [삽입] 탭 – [이미지] 그룹 – [그림] – [이 디바이스]를 선택하여 [그림4.jpg]를 선택하여 그림을 삽입한다.

2 슬라이드 우측부터 2/3 정도로 차지하게끔 크기를 조절한다.

3 [삽입] 탭 – [일러스트레이션] 그룹 – [도형] – [직사각형]을 선택하고, Shift 키를 누르면서 [정사각형]을 삽입한다.

4 [마우스 오른쪽 버튼] – [도형 서식] – [채우기] – [단색 채우기] – [색] – [황금색, 강조 1]을 선택하고, [선] – [선 없음]을 선택하여 윤곽선을 없앤다.

5 [삽입] 탭 – [텍스트] 그룹 – [텍스트 상자] – [가로 텍스트 상자 그리기]를 선택하여 'Contact Us'라고 입력한다. 텍스트 서식은 [Montserrat ExtraBold (제목), 40pt, 왼쪽 정렬]로 한다.

6 정사각형 바로 위에 텍스트 상자를 놓는다.

7 [삽입] 탭 – [텍스트] 그룹 – [텍스트 상자] – [가로 텍스트 상자 그리기]를 선택하여 'ADDRESS'라고 입력한다. 텍스트 서식은 [Montserrat ExtraBold (제목), 18pt, 왼쪽 정렬]을 한다.

8 내용에 해당하는 텍스트 상자도 삽입해보자. [삽입] 탭 – [텍스트] 그룹 – [텍스트 상자] – [가로 텍스트 상자 그리기]를 선택하여 주소를 입력하고 텍스트 서식은 [Pretendard Light (본문), 18pt, 왼쪽 정렬]을 한다.

9 제목과 내용 텍스트 상자를 마우스로 드래그하여 동시 선택한 다음, 개체 그룹화 단축키 Ctrl + G 로 하나의 개체로 만든다.

10 개체 서식 복사 단축키 Ctrl + D 를 눌러 총 5개 세트를 만든다.

11 텍스트 내용을 수정하고 위치를 조율하여 완성한다.

CHAPTER 6

취업용 포트폴리오 디자인하기

| Preview |

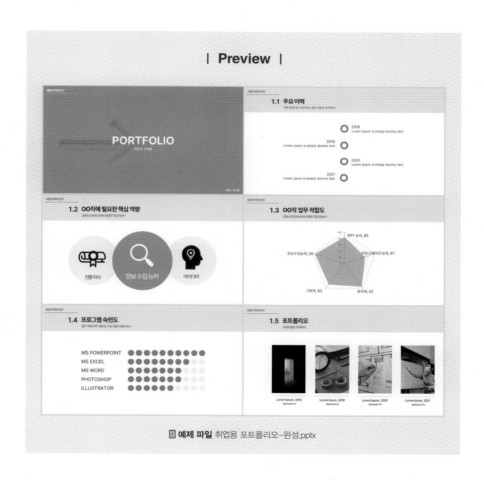

📑 **예제 파일** 취업용 포트폴리오–완성.pptx

취업 또는 이직을 준비하면 포트폴리오를 제작할 일이 생긴다. 포트폴리오는 나의 역량을 한눈에 알아볼 수 있게 정리한 문서이기 때문에 한 가지 포인트 컬러에 깔끔한 레이아웃으로 표현하는 것이 좋다. 주요 이력, 핵심 역량, 업무 적합도, 프로그램 숙련도, 결과물 포트폴리오 등의 슬라이드를 만들어보자.

01 취업용 포트폴리오 표지 슬라이드 만들기

| Preview |

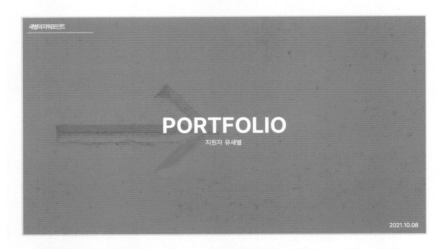

📑 **예제 파일** 취업용 포트폴리오 표지─완성.pptx 📁 **실습 파일** 취업용 포트폴리오 표지─시작.pptx/그림1.jpg

만드는 법

1 [빈 화면 슬라이드] – [삽입] 탭 – [이미지] 그룹 – [그림] – [이 디바이스]를 선택하여 [그림1.jpg]를 삽입한다.

2 **Shift** 키를 누르면서 슬라이드 크기에 맞게 사진을 확대하고, [그림 형식] – [크기] 그룹 – [자르기] – [가로세로비율] – [가로 16:9]를 선택하여 슬라이드 크기와 동일하게 자른다.

3 [삽입] 탭 – [일러스트레이션] 그룹 – [도형] – [직사각형]을 선택한 다음, 마우스로 드래그하여 슬라이드 크기와 동일하게 삽입한다.

4 [마우스 오른쪽 버튼] – [도형 서식]을 선택하여 [채우기] – [단색 채우기] – [색] – [옥색, 강조2]로 변경하고, [투명도 20%]로 설정한 다음 [선] – [선 없음]을 선택하여 윤곽선을 없앤다.

5 [삽입] 탭 – [텍스트] 그룹 – [텍스트 상자] – [가로 텍스트 상자 그리기]를 선택하여 'PORTFOLIO'라고 쓴다. 이때 서식은 [Pretendard (본문), 54pt, 흰색, 글꼴 굵게, 가운데 정렬]로 한다.

6 [삽입] 탭 – [텍스트] 그룹 – [텍스트 상자] – [가로 텍스트 상자 그리기]를 선택하여 제목 아래에 '지원자 이름'을 쓴다. 이때 서식은 [Pretendard (본문), 16pt, 흰색, 가운데 정렬]로 한다.

7 텍스트 상자를 선택한 상태에서 **Ctrl** 키를 누르고 마우스로 드래그하여 복사한 다음 날짜로 내용을 변경하고 [Pretendard (본문), 14pt, 오른쪽 정렬]로 한다.

8 [삽입] 탭 – [텍스트] 그룹 – [텍스트 상자] – [가로 텍스트 상자 그리기]를 선택하여 왼쪽 상단에 지원 회사명 및 팀명을 쓴다. 이때 서식은 [Pretendard (본문), 14pt, 왼쪽 정렬]로 한다.

9 [삽입] 탭 – [일러스트레이션] 그룹 – [도형] – [선]을 선택하고 **Shift** 키를 누르면서 직선을 삽입한다. 이때 선 길이는 [5.5cm]로 한다. 선의 길이는 [셰이프 형식] 탭 – [크기] 그룹에서 변경할 수 있다.

취업용 포트폴리오 주요 이력 슬라이드 만들기

| Preview |

📑 **예제 파일** 취업용 포트폴리오 주요 이력-완성.pptx   📂 **실습 파일** 취업용 포트폴리오 주요 이력-시작.pptx

만드는 법

1 [빈 화면 슬라이드] – [삽입] 탭 – [일러스트레이션] 그룹 – [도형] – [직사각형]을 선택하고, 마우스로 드래그하여 직사각형을 삽입한다. 이때 크기는 가로 [33.87cm], 세로 [4.55cm]로 한다. 크기 변경은 [셰이프 형식] 탭 – [크기] 그룹에서 할 수 있다.

2 [삽입] 탭 – [텍스트] 그룹 – [텍스트 상자] – [가로 텍스트 상자 그리기]를 선택하여 '주요 이력'이라고 입력한다. 이때 텍스트 서식은 [Pretendard ExtraBold (제목), 30pt, 왼쪽 정렬]로 한다.

3 Ctrl 키를 누르면서 텍스트 상자를 복사하여 슬라이드 위치를 나타낼 숫자 '1.1'을 삽입한다.

4 주요 이력을 설명할 작은 텍스트 상자를 삽입해보자. [삽입] 탭 − [텍스트] 그룹 − [텍스트 상자] − [가로 텍스트 상자 그리기]를 선택하여 텍스트를 삽입한다. 텍스트 서식은 [Pretendard (본문), 14pt, 왼쪽 정렬]로 한다.

5 [삽입] 탭 − [텍스트] 그룹 − [텍스트 상자] − [가로 텍스트 상자 그리기]를 선택하여 왼쪽 상단에 지원 회사명 및 팀명을 쓴다. 이때 서식은 [Pretendard (본문), 14pt, 왼쪽 정렬]로 한다.

6 [삽입] 탭 − [일러스트레이션] 그룹 − [도형] − [선]을 선택하고 `Shift` 키를 누르면서 직선을 삽입한다. 이때 선 길이는 [5.5cm]로 한다. 선의 길이는 [셰이프 형식] 탭 − [크기] 그룹에서 변경할 수 있다.

7 [삽입] 탭 − [일러스트레이션] 그룹 − [도형] − [선]을 선택하고 `Shift` 키를 누르면서 세로로 길게 직선을 삽입한다. 이때 선 길이는 [12.8cm]로 한다. [셰이프 형식] 탭 − [셰이프 스타일] 그룹 − [셰이프 윤곽선] − [색] − [검정, 텍스트 1, 50% 더 밝게]로 선택하고, 두께를 [1/2pt]로 한다.

8 [삽입] 탭 − [일러스트레이션] 그룹 − [도형] − [원형: 비어 있음]을 선택하여 삽입한다. 이때 크기는 가로 [1.1cm], 세로 [1.1cm]로 한다.

9 [마우스 오른쪽 버튼] − [도형 서식] 메뉴에서 [채우기] − [단색 채우기] − [색] − [옥색, 강조2]로 하고, [선] − [선 없음]을 선택하여 윤곽선을 없앤다.

10 직선 위에 도넛 모양의 도형을 배치한다. 개체 복사 단축키 `Ctrl`+`D`를 눌러서 총 4개의 도넛 모양 도형을 삽입한다.

11 이번에는 연도를 나타내는 텍스트 상자를 삽입해보자. [삽입] 탭 − [텍스트] 그룹 − [텍스트 상자] − [가로 텍스트 상자 그리기]를 선택하여 '2018'이라고 입력한다. 이때 텍스트 서식은 [Pretendard (본문), 18pt, 왼쪽 정렬]로 한다.

12 세부 항목 텍스트 상자를 만들어보자. `Ctrl` 키를 누르면서 텍스트 상자를 드래그하여 복사하고, 텍스트 서식을 [Pretendard (본문), 16pt, 왼쪽 정렬]로 한다.

13 2개 텍스트 상자를 마우스로 드래그하여 다중 선택한 다음, 개체 그룹화 단축키 `Ctrl`+`G`를 눌러 1개의 개체로 만든 다음, 개체 복사 단축키 `Ctrl`+`D`를 이용해서 총 4개의 세트를 만든다.

14 왼쪽 텍스트 상자 연도는 오른쪽 정렬하고, 오른쪽 텍스트 상자 연도는 왼쪽 정렬한다.

| Preview |

目 **예제 파일** 취업용 포트폴리오 핵심 역량−완성.pptx ☐ **실습 파일** 취업용 포트폴리오 핵심 역량−시작.pptx/그림2∼4.png

만드는 법

1 [빈 화면 슬라이드] − [삽입] 탭 − [일러스트레이션] 그룹 − [도형] − [직사각형]을 선택하고, 마우스로 드래그하여 직사각형을 삽입한다. 이때 크기는 가로 [33.87cm], 세로 [4.55cm]로 한다. 크기 변경은 [셰이프 형식] 탭 − [크기] 그룹에서 할 수 있다.

2 [삽입] 탭 − [텍스트] 그룹 − [텍스트 상자] − [가로 텍스트 상자 그리기]를 선택하여 제목 텍스트 상자인 '○○직에 필요한 핵심 역량'을 입력한다. 이때 텍스트 서식은 [Pretendard ExtraBold (제목), 30pt, 왼쪽 정렬]로 한다.

3 Ctrl 키를 누르면서 텍스트 상자를 복사하여 슬라이드 위치를 나타낼 숫자 '1.2'를 삽입한다.

4   핵심 역량을 설명할 작은 텍스트 상자를 삽입해보자. [삽입] 탭 – [텍스트] 그룹 – [텍스트 상자] – [가로 텍스트 상자 그리기]를 선택하여 텍스트를 삽입한다. 텍스트 서식은 [Pretendard (본문), 14pt, 왼쪽 정렬]로 한다.

5   [삽입] 탭 – [텍스트] 그룹 – [텍스트 상자] – [가로 텍스트 상자 그리기]를 선택하여 왼쪽 상단에 지원 회사명 및 팀명을 쓴다. 이때 서식은 [Pretendard (본문), 14pt, 왼쪽 정렬]로 한다.

6   [삽입] 탭 – [일러스트레이션] 그룹 – [도형] – [타원]을 선택한 다음 Shift 키를 누르면서 [정원]을 삽입한다.

7   [마우스 오른쪽 버튼] – [도형 서식] – [채우기] – [단색 채우기] – [색] – [옥색, 강조2]를 선택하고 투명도를 [20%]로 변경한다. [선] – [선 없음]을 선택하여 윤곽선을 없앤다. 이때 원의 크기는 가로 [10.15cm], 세로 [10.15cm]로 한다.

8   [삽입] 탭 – [일러스트레이션] 그룹 – [아이콘]을 선택하여 픽토그램을 삽입한다. (아이콘 메뉴가 없는 버전으로 실습을 할 경우, [삽입] 탭 – [이미지] 그룹 – [그림] – [이 디바이스]를 선택하여 [그림2~4.png]를 선택하여 불러온다.)

9   [그래픽 형식] 탭 – [그래픽 스타일] 그룹 – [그래픽 채우기]를 선택하여 색을 [흰색]으로 변경한다.

10   [삽입] 탭 – [텍스트] 그룹 – [텍스트 상자] – [가로 텍스트 상자 그리기]를 선택하여 '정보 수집 능력'이라고 입력한다. 이때 텍스트 서식은 [Pretendard (본문), 32pt, 가운데 정렬]로 한다.

11   원, 픽토그램, 텍스트 상자를 마우스로 드래그하여 다중 선택한 다음, 개체 그룹화 단축키 Ctrl+G를 눌러 1개의 개체로 만든다.

12   개체 복사 단축키 Ctrl+D를 눌러 총 3개의 원을 만든다. 양옆에 위치하는 원의 색상을 변경해보자.

13   개체 그룹화 해제 단축키 Ctrl+Shift+G를 눌러 개체를 1개씩 수정 가능한 형태로 만든 다음, 왼쪽에 있는 원을 선택한 상태에서 [마우스 오른쪽 버튼] – [도형 서식] – [채우기] – [단색 채우기] – [색] – [흰색, 배경1, 5% 더 어둡게]로 변경한다.

14   개체 서식 복사 단축키 Ctrl+Shift+C로 서식을 복사하고, 오른쪽 원을 선택한 상태에서 Ctrl+Shift+V를 눌러 원의 색상을 붙여 넣기 한다.

15 수정할 픽토그램을 선택한 상태에서 [마우스 오른쪽 버튼] – [그래픽 변경] – [아이콘에서⋯]를 선택하여 픽토그램을 변경한다. 이때 픽토그램 색상은 [검정색]으로 한다.

16 픽토그램 하단에 있는 텍스트 상자의 내용과 색상을 변경하여 완성한다. 텍스트와 픽토그램을 가운데 정렬하고 싶은 경우 [홈] 탭 – [그리기] 그룹 [정렬] – [맞춤] – [가운데 맞춤]을 눌러 정렬한다.

---

04 취업용 포트폴리오 업무 적합도 슬라이드 만들기

| Preview |

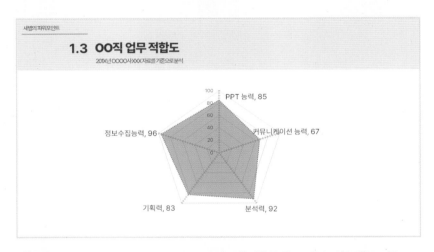

📑 **예제 파일** 취업용 포트폴리오 업무 적합도–완성.pptx 📁 **실습 파일** 취업용 포트폴리오 업무 적합도–시작.pptx

만드는 법

1 [빈 화면 슬라이드] – [삽입] 탭 – [일러스트레이션] 그룹 – [도형] – [직사각형]을 선택하고, 마우스로 드래그하여 직사각형을 삽입한다. 이때 크기는 가로 [33.87cm], 세로 [4.55cm]로 한다. 크기 변경은 [셰이프 형식] 탭 – [크기] 그룹에서 할 수 있다.

2 [삽입] 탭 – [텍스트] 그룹 – [텍스트 상자] – [가로 텍스트 상자 그리기]를 선택하여 제목 텍스트 상자인 'ㅇㅇ직 업무 적합도'라고 입력한다. 이때 텍스트 서식은 [Pretendard ExtraBold (제목), 30pt, 왼쪽 정렬]로 한다.

3 Ctrl 키를 누르면서 텍스트 상자를 복사하여 슬라이드 위치를 나타낼 숫자 '1.3'을 삽입한다.

4 핵심 역량을 설명할 작은 텍스트 상자를 삽입해보자. [삽입] 탭 – [텍스트] 그룹 – [텍스트 상자] – [가로 텍스트 상자 그리기]를 선택하여 텍스트를 삽입한다. 텍스트 서식은 [Pretendard (본문), 14pt, 왼쪽 정렬]로 한다.

5 [삽입] 탭 – [텍스트] 그룹 – [텍스트 상자] – [가로 텍스트 상자 그리기]를 선택하여 왼쪽 상단에 지원 회사명 및 팀명을 쓴다. 이때 서식은 [Pretendard (본문), 14pt, 왼쪽 정렬]로 한다.

6 [삽입] 탭 – [일러스트레이션] 그룹 – [차트] – [채워진 방사형]을 선택하여 삽입한다.

7 [차트 디자인] 탭 – [데이터] 그룹 – [데이터 편집] – [데이터 편집]을 클릭한다. 엑셀 시트와 동일한 새 창이 뜬다. 데이터를 편집해보자.

8 A열 2행부터 6행까지 각각 PPT 능력, 커뮤니케이션 능력, 분석력, 기획력, 정보 수집 능력이라고 입력한다.

9 B열 2행부터 6행까지 각각 능력에 대한 점수를 입력한다. '85, 67, 92, 83, 96'을 입력한다.

10 그런 다음, 쓰지 않는 데이터인 계열 2 데이터는 삭제하고, 마우스로 드래그하여 데이터 적용 범위를 계열 1 안쪽으로 변경한다.

11 차트를 선택한 화면에서 '+' (차트 요소) 버튼을 클릭한 후, 차트 제목과 범례의 체크 박스를 해제하고, 데이터 레이블 체크 박스는 체크하여 숫자가 보이게 만든다.

12 [차트 디자인] 탭 – [차트 스타일] 그룹 – [스타일2]로 변경한다.

13 차트 가운데 영역에 해당하는 오각형을 선택한 상태에서 [마우스 오른쪽 버튼] – [데이터 계열 서식] – [선] – [실선] – [색, 옥색 강조2] – 너비 [2pt]로 한다.

14 축을 선택한 상태에서 [축 서식] – [축 옵션] – [단위] – 기본 [20.0]으로 변경한다.

15 축을 선택한 상태에서 [축 서식] – [축 옵션] – [선] – [실선]으로 변경한다.

16 [서식] 탭 – [도형 스타일] 그룹 – [도형 채우기] – 색 [옥색, 강조2]를 선택하고, [다른 채우기 색] – [투명도 20%]로 변경한다.

17 텍스트 레이블을 선택한 상태에서 글꼴 크기를 [18pt]로 변경하여 완성한다.

---

05 취업용 포트폴리오 프로그램 숙련도 슬라이드 만들기

| Preview |

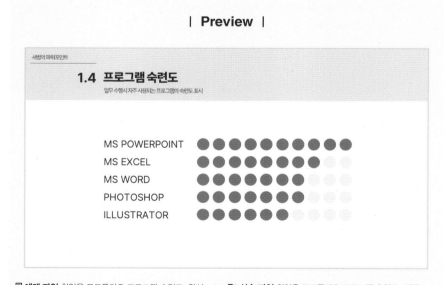

▤ **예제 파일** 취업용 포트폴리오 프로그램 숙련도–완성.pptx ▢ **실습 파일** 취업용 포트폴리오 프로그램 숙련도–시작.pptx

만드는 법

1   [빈 화면 슬라이드] – [삽입] 탭 – [일러스트레이션] 그룹 – [도형] – [직사각형]을 선택하고, 마우스로 드래그하여 직사각형을 삽입한다. 이때 크기는 가로 [33.87cm], 세로 [4.55cm]로 한다. 크기 변경은 [셰이프 형식] 탭 – [크기] 그룹에서 할 수 있다.

2   [삽입] 탭 – [텍스트] 그룹 – [텍스트 상자] – [가로 텍스트 상자 그리기]를 선택하여 제목 텍스트 상자를 삽입해보자. '프로그램 숙련도'라고 입력한다. 이때 텍스트 서식은 [Pretendard ExtraBold (제목), 30pt, 왼쪽 정렬]로 한다.

3   **Ctrl** 키를 누르면서 텍스트 상자를 복사하여 슬라이드 위치를 나타낼 숫자 '1.4'을 삽입한다.

4   핵심 역량을 설명할 작은 텍스트 상자를 삽입해보자. [삽입] 탭 – [텍스트] 그룹 – [텍스트 상자] – [가로 텍스트 상자 그리기]를 선택하여 텍스트를 삽입한다. 텍스트 서식은 [Pretendard (본문), 14pt, 왼쪽 정렬]로 한다.

5   [삽입] 탭 – [텍스트] 그룹 – [텍스트 상자] – [가로 텍스트 상자 그리기]를 선택하여 왼쪽 상단에 지원 회사명 및 팀명을 쓴다. 이때 서식은 [Pretendard (본문), 14pt, 왼쪽 정렬]로 한다.

6   [삽입] 탭 – [일러스트레이션] 그룹 – [도형] – [타원]을 선택하고 **Shift** 키를 누른 상태에서 원을 삽입한다. 원의 크기는 가로 [1cm], 세로 [1cm]로 한다.

7   [마우스 오른쪽 버튼] – [도형 서식] – [선] – [선 없음]을 선택하여 윤곽선을 없앤다.

8   개체 복사 단축키 **Ctrl**+**D**를 눌러 총 10개의 원을 만든다.

9   마우스로 드래그하여 10개의 원을 동시에 선택한 다음 개체 그룹화 단축키 **Ctrl**+**G**를 눌러 하나의 개체로 만든다.

10   **Ctrl**+**D**를 눌러 원을 총 50개로 만든다. 개체 그룹화 해제 단축키 **Ctrl**+**Shift**+**G**를 눌러 원이 하나씩 편집 가능하게 만든다.

11   [삽입] 탭 – [텍스트] 그룹 – [텍스트 상자] – [가로 텍스트 상자 그리기]를 선택하여 프로그램명을 입력한다. 이때 텍스트 서식은 [Pretendard (본문), 24pt, 왼쪽 정렬]로 하고, [홈] 탭 – [단락] 메뉴에서 행간을 [1.5]로 변경한다.

12 두 번째 행에 해당하는 원의 색상을 변경해보자. 10점 만점에 8점이라고 할 때, 오른쪽부터 2개의 원을 마우스로 드래그하여 동시 선택한 다음, [셰이프 형식] 탭 – [도형 스타일] 그룹 – [도형 채우기]에서 [흰색, 배경1, 5% 더 어둡게]로 변경한다.

13 나머지 행의 색상도 변경해보자. 변경할 색상의 원을 마우스로 드래그하거나 Shift 키를 누르면서 다중 선택을 한 다음 [셰이프 형식] 탭 – [도형 스타일] 그룹 – [도형 채우기] 메뉴에서 색을 변경한다.

06 취업용 포트폴리오 사진 레이아웃 슬라이드 만들기

| Preview |

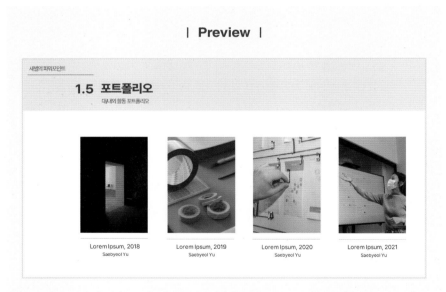

▤ **예제 파일** 취업용 포트폴리오 사진 슬라이드-완성.pptx ☐ **실습 파일** 취업용 포트폴리오 사진 슬라이드-시작.pptx/그림5~8.jpg

만드는 법

1   [빈 화면 슬라이드] – [삽입] 탭 – [일러스트레이션] 그룹 – [도형] – [직사각형]을 선택하고, 마우스로 드래그하여 직사각형을 삽입한다. 이때 크기는 가로 [33.87cm], 세로 [4.55cm]로 한다. 크기 변경은 [셰이프 형식] 탭 – [크기] 그룹에서 할 수 있다.

2   [삽입] 탭 – [텍스트] 그룹 – [텍스트 상자] – [가로 텍스트 상자 그리기]를 선택하여 제목 텍스트 상자로 '포트폴리오'라고 입력한다. 이때 텍스트 서식은 [Pretendard ExtraBold (제목), 30pt, 왼쪽 정렬]로 한다.

3   Ctrl 키를 누르면서 텍스트 상자를 복사하여 슬라이드 위치를 나타낼 숫자 '1.5'를 삽입한다.

4   핵심 역량을 설명할 작은 텍스트 상자를 삽입해보자. [삽입] 탭 – [텍스트] 그룹 – [텍스트 상자] – [가로 텍스트 상자 그리기]를 선택하여 텍스트를 삽입한다. 텍스트 서식은 [Pretendard (본문), 14pt, 왼쪽 정렬]로 한다.

5   [삽입] 탭 – [텍스트] 그룹 – [텍스트 상자] – [가로 텍스트 상자 그리기]를 선택하여 왼쪽 상단에 지원 회사명 및 팀명을 쓴다. 이때 서식은 [Pretendard (본문), 14pt, 왼쪽 정렬]로 한다.

6   [삽입] 탭 – [이미지] 그룹 – [그림] – [이 디바이스]를 선택하여 [그림5~8.jpg] 이미지를 불러온다.

7   [삽입] 탭 – [일러스트레이션] 그룹 – [도형] – [선]을 선택하고 Shift 키를 누르면서 직선을 삽입한다. 이때 직선의 길이는 [5.66cm]로, 이미지의 가로 폭보다는 좁게 삽입하면 된다.

8   [삽입] 탭 – [텍스트] 그룹 – [텍스트 상자] – [가로 텍스트 상자 그리기]를 선택하여 텍스트 상자를 삽입한다. 포트폴리오 이미지를 설명하는 텍스트를 삽입하고 서식은 [Pretendard (본문), 14pt, 가운데 정렬]로 한다.

9   Ctrl 키로 텍스트 상자를 복사한 후, 텍스트 내용을 작성자 이름으로 변경한다. 텍스트 서식은 [Pretendard (본문), 11pt, 가운데 정렬]로 한다.

10 이미지부터 선, 텍스트 상자까지 마우스로 드래그하여 다중 선택 한 다음, 개체 그룹화

단축키 **Ctrl**+**G**를 눌러 하나의 개체로 만든다. 개체 복사 단축키 **Ctrl**+**D**를 눌러서 총 4개 세트를 만든다.

11 그런 다음 이미지를 선택하고 [마우스 오른쪽 버튼] – [그림 바꾸기] – [이 파일에서⋯]를 선택하고 사진을 바꾼다.

12 텍스트 내용과 사진을 편집한 후 내용을 완성한다.

> ☀ **새별이 알려주는 꿀팁!**
>
> 포트폴리오는 작품이나 성과를 나열하는 형식이 대부분이라 전시회 작품 도록, 잡지 등의 레이아웃을 참고하는 것도 도움이 된다. 레이아웃은 온라인 검색을 통해 벤치마킹할 수 있다.
>
>

7단계 PPT로 SNS 콘텐츠 만들기

개인 브랜딩 시대, 파워포인트로 SNS 콘텐츠를 만들어보면 어떨까? 픽토그램만 있다면 쉽고 간단하게 SNS 콘텐츠를 만들 수 있다. 픽토그램의 경우 저작권이 있기 때문에 상업적으로 이용할 시 반드시 별도로 픽토그램에 대한 저작권료를 지불하고 사용해야 한다.

CHAPTER 1 | 나만의 로고 만들기

파워포인트로 나만의 로고를 만들어보자. 픽토그램을 활용하여 쉽고 간단하게 만들 수 있다. 픽토그램 사이트인 '플랫 아이콘'을 활용하여 로고를 제작하는 방법을 알려주겠다.

픽토그램 사이트 '플랫 아이콘' flaticon.com/kr

| Preview |

📄 **예제 파일** 로고 만들기-완성.pptx 📁 **실습 파일** 로고 만들기-시작.pptx/그림1~2.png

첫 번째 로고 만드는 법

1 [빈 화면 슬라이드] – [삽입] 탭 – [일러스트레이션] 그룹 – [도형] – [타원]을 선택하고 Shift 키를 누르면서 [정원]을 삽입한다.

2 [마우스 오른쪽 버튼] – [도형 서식] – [채우기] – [단색 채우기]를 선택하여 [색] – [다른 색] – [#A283FC]를 입력한다. 헥스 코드가 없는 버전 이용자의 경우 빨강 [162], 녹색 [131], 파랑 [252]를 입력한다.

3 [선] – [선 없음]을 선택하여 윤곽선을 없앤다.

4 [삽입] 탭 – [이미지] 그룹 – [그림] – [이 디바이스]를 선택하여 파일 [그림1.jpg]를 불러온다.

5 [삽입] 탭 – [텍스트] 그룹 – [텍스트 상자] – [가로 텍스트 상자 그리기]를 선택하여 '새별 어페어'라고 입력한다. 이때 텍스트 서식은 [SB 어그로 Bold, 40pt, 흰색, 가운데

정렬]로 한다.

6   마우스로 드래그하여 다중 선택한 후 [마우스 오른쪽 버튼] – [그림으로 저장]을 선택한 다음 파일 형식을 'png'로 저장하여 로고 파일을 내보낸다.

두 번째 로고 만드는 법

1   [빈 화면 슬라이드] – [삽입] 탭 – [일러스트레이션] 그룹 – [도형] – [타원]을 선택하고 키보드 Shift 키를 누르면서 [정원]을 삽입한다.

2   [마우스 오른쪽 버튼] – [도형 서식] – [채우기] – [단색 채우기]를 선택하여 [색] – [다른 색] – [#FC8ABD]를 입력한다. 헥스 코드가 없는 버전 이용자의 경우 빨강 [252], 녹색 [138], 파랑 [189]를 입력한다.

3   [선] – [선 없음]을 선택하여 윤곽선을 없앤다.

4   [삽입] 탭 – [이미지] 그룹 – [그림] – [이 디바이스]를 선택하여 파일 [그림2.jpg]를 불러온다.

5   [삽입] 탭 – [텍스트] 그룹 – [텍스트 상자] – [가로 텍스트 상자 그리기]를 선택하여 '새별 어페어'라고 입력한다. 이때 텍스트 서식은 [G마켓 산스 TTF Bold, 40pt, 흰색, 가운데 정렬]로 하였다.

6   [셰이프 형식] 탭 – [WordArt 스타일] 그룹 – [텍스트 효과] – [변환] – [모양] – [원호: 아래쪽]을 선택하여 원을 따라 텍스트가 작성된 것처럼 만든다.

7   마우스로 드래그하여 다중 선택한 후 [마우스 오른쪽 버튼] – [그림으로 저장]을 선택한 다음 파일 형식을 'png'로 저장하여 로고 파일을 내보낸다.

CHAPTER 2 | 한눈에 보이는 블로그 썸네일 만들기

파워포인트에서 슬라이드 크기를 변경하면 간단하게 블로그 썸네일을 만들 수 있다. 동일한 방법으로 페이스북, 인스타그램용 썸네일도 제작이 가능하니 예제를 통해 실습해보자.

| Preview |

📑 **예제 파일** 블로그 썸네일 만들기-완성.pptx 📁 **실습 파일** 블로그 썸네일 만들기-시작.pptx/그림1~2.png

첫 번째 썸네일 만드는 법

1 [빈 화면 슬라이드] – [디자인] 탭 – [사용자 지정] 그룹 – [슬라이드 크기] – [사용자 지정 슬라이드 크기]를 선택하고 새 창이 뜨면 너비 [30cm], 높이 [30cm]를 입력하고 [확인] 버튼을 누른다. [최대화]를 선택하여 슬라이드 크기를 [1:1] 비율로 변경한다.

2 눈금자선 단축키 `Alt` + `F9` 를 눌러 십자선 눈금자가 나타나도록 만든다.

3 슬라이드 빈 화면에서 [마우스 오른쪽 버튼] – [배경 서식] – [채우기] – [단색 채우기] – [색] – [다른 색]을 선택하고, [색] – [다른 색] – [#FC8ABD]를 입력한다. 헥스 코드가 없는 버전 이용자의 경우 빨강 [252], 녹색 [138], 파랑 [189]를 입력한다.

4 [삽입] 탭 – [일러스트레이션] 그룹 – [도형] – [선]을 선택하고 `Shift` 키를 누르면서 직선을 삽입한다. 이때 직선의 길이는 [24.5cm]로 한다.

5 [마우스 오른쪽 버튼] – [도형 서식] – [선] 메뉴에서 색을 [흰색]으로 변경하고, 너비를 [12pt]로 한다.

6 개체 복사 단축키 `Ctrl` + `D` 를 눌러 선을 복사한 다음, 선을 위아래에 배치한다.

7 [삽입] 탭 – [텍스트] 그룹 – [텍스트 상자] – [가로 텍스트 상자 그리기]를 선택하여 '봄웜/가을웜 찰떡 코디 추천'이라고 제목 텍스트를 입력한다. 이때 텍스트 서식은 [SB 어그로 Bold, 96pt, 흰색, 가운데 정렬]로 한다.

8 키보드 화살표 키와 마우스 드래그로 위치를 조율하여 썸네일을 완성한다.

9 [파일] 탭 – [다른 이름으로 저장] – [파일 형식]을 'png'로 변경한 다음, '현재 슬라이드만'을 선택하여 썸네일 파일을 내보낸다.

두 번째 썸네일 만드는 법

1 [빈 화면 슬라이드] – [디자인] 탭 – [사용자 지정] 그룹 – [슬라이드 크기] – [사용자 지정 슬라이드 크기]를 선택하고 새 창이 뜨면 너비 [30cm], 높이 [30cm]를 입력하고 [확인] 버튼을 누른다. [최대화]를 선택하여 슬라이드 크기를 [1:1] 비율로 변경한다.

2 눈금자선 단축키 **Alt** + **F9** 를 눌러 십자선 눈금자가 나타나도록 만든다.

3 [빈 화면 슬라이드] – [마우스 오른쪽 버튼] – [배경 서식] – [채우기] – [단색 채우기] – [색] – [흰색, 배경1, 5% 더 어둡게]를 선택하여 회색으로 배경색을 변경한다.

4 [삽입] 탭 – [일러스트레이션] 그룹 – [도형] – [직사각형]을 선택하고 **Shift** 키를 누르면서 정사각형을 삽입한다. 이때 사각형의 크기는 가로 [26.8cm], 세로 [26.8cm]로 한다.

5 [마우스 오른쪽 버튼] – [도형 서식] – [채우기] – [단색 채우기] – [채우기 없음]을 선택하고, [선] – [실선]을 선택한 후 [색] – [다른 색]을 선택한 후에 [#A283FC]를 입력한다. 헥스 코드가 없는 버전 이용자의 경우 빨강 [162], 녹색 [131], 파랑 [252]를 입력한다. 선의 너비는 [6pt]로 한다.

6 [삽입] 탭 – [이미지] 그룹 – [그림] – [이 디바이스]를 선택하여 [그림1.jpg] 파일을 불러온다.

7 **Shift** 키를 누르면서 로고 크기를 줄이고 우측 상단에 배치시킨다. 이때 로고 크기는 가로 [2.63cm], 세로 [2.63cm]로 한다.

8 [삽입] 탭 – [텍스트] 그룹 – [텍스트 상자] – [가로 텍스트 상자 그리기]를 선택하여 '2022년 코디 추천'이라고 입력한다. 이때 텍스트 서식은 [SB 어그로 Bold, 138pt, 가운데 정렬]로 한다.

9 텍스트 색상도 직사각형 테두리 색과 동일하게 변경해보자. [홈] 탭 – [글꼴] 그룹에서 [글꼴 색]을 선택한 다음, [다른 색]을 선택한 후 [#A283FC]를 입력한다. 헥스 코드가 없는 버전 이용자의 경우 빨강 [162], 녹색 [131], 파랑 [252]를 입력한다.

10 [파일] 탭 – [다른 이름으로 저장] – [파일 형식]을 'png'로 변경한 다음, '현재 슬라이드만'을 선택하여 썸네일 파일을 내보낸다.

CHAPTER 3

주목성 있는 카드뉴스 만들기

| Preview |

🗐 **예제 파일** 카드뉴스 만들기-완성.pptx 🗀 **실습 파일** 카드뉴스 만들기-시작.pptx/그림1~4.jpg

파워포인트로 카드뉴스도 만들 수 있다. 카드 뉴스의 경우 글꼴이 메시지 전달의 역할을 하기 때문에 평소 PPT 작업에는 잘 사용하지 않았던 디자인 글꼴을 사용하면 좋다. 글꼴은 '눈누noonnu.cc'라는 사이트를 통해서 다운로드 받을 수 있다.

대표 이미지 만드는 법

1   [빈 화면 슬라이드] – [디자인] 탭 – [사용자 지정] 그룹 – [슬라이드 크기] – [사용자 지정 슬라이드 크기]를 선택한다. 새 창이 뜨면 너비 [30cm], 높이 [30cm]를 입력하고 [확인] 버튼을 누른다. [최대화]를 선택하여 슬라이드 크기를 [1:1] 비율로 변경한다.

2   눈금자선 단축키 Alt + F9 를 눌러 십자선 눈금자가 나타나도록 만든다.

3   [삽입] 탭 – [이미지] 그룹 – [그림] – [이 디바이스]를 선택하고, 파일 [그림1.jpg]를 불러온다.

4   Shift 키를 누르면서 슬라이드 크기보다 여유 있게 크기를 조율한 다음, [그림 형식] 탭 – [크기] 그룹 – [자르기] – [가로 세로 비율] – [1:1]을 선택하여 정사각형으로 자른다.

5   [삽입] 탭 – [일러스트레이션] 그룹 – [도형] – [직사각형]을 선택한 다음 Shift 키를 누르면서 [정사각형]을 삽입한다. 이때 직사각형의 크기는 슬라이드 크기와 동일하게 한다.

6   [마우스 오른쪽 버튼] – [도형 서식] – [채우기] – [단색 채우기] – [색] – [검정], [투명도] – [30%]로 변경하고, [선] – [선 없음]을 선택하여 윤곽선을 없앤다.

7   [삽입] 탭 – [텍스트] 그룹 – [텍스트 상자] – [가로 텍스트 상자 그리기]를 선택하여 'MBTI별 패션 스타일'이라고 입력한다. 이때 텍스트 서식은 [빙그레체Ⅱ, 115pt, 흰색, 가운데 정렬]로 한다.

8   [셰이프 형식] 탭 – [WordArt 스타일] 그룹 – [텍스트 효과] – [그림자] – [바깥쪽] – [오프셋: 오른쪽 아래]를 선택한다.

9   [셰이프 형식] 탭 – [WordArt 스타일] 그룹 – [텍스트 효과] – [그림자] – [바깥쪽] – [그림자 옵션]을 선택하고 흐리게 [10pt], 간격 [1pt]로 변경한다.

10 [삽입] 탭 – [일러스트레이션] 그룹 – [도형] – [모서리가 둥근 직사각형]을 선택하고 마우스로 드래그하여 삽입한다. 이때 노란색 휠로 모서리를 더 둥글게 만든다. 도형의 크기는 가로 [18.2cm], 세로 [2.4cm]로 한다.

11 [마우스 오른쪽 버튼] – [도형 서식] – [채우기] – [단색 채우기] – [색] – [주황]으로 변경한다.

12 [셰이프 형식] 탭 – [도형 스타일] 그룹 – [도형 효과] – [그림자] – [바깥쪽] – [오프셋: 오른쪽 아래]를 선택한다.

13 [마우스 오른쪽 버튼] – [도형 서식] – [그림자] 옵션에서 흐리게 [10pt], 간격 [1pt]로 변경한다.

14 [삽입] 탭 – [텍스트] 그룹 – [텍스트 상자] – [가로 텍스트 상자 그리기]를 선택하여 '외향형 'E'편'이라고 입력하고, 이때 텍스트 서식은 [Pretendard (본문), 36pt, 가운데 정렬]로 한다.

15 [삽입] 탭 – [일러스트레이션] 그룹 – [아이콘] 메뉴 – [일러스트레이션] – [추상] 그룹 하위에 있는 [물결 무늬 도형]을 선택하여 삽입한다.

16 [마우스 오른쪽 버튼] – [도형 서식] – [색] – [다른 색]을 선택한 후 [#A283FC]를 입력한다. 헥스 코드가 없는 버전 이용자의 경우 빨강 [162], 녹색 [131], 파랑 [252]를 입력한다.

17 개체 복사 단축키 Ctrl + D 를 눌러 개체를 복사한 다음, [셰이프 형식] 탭 – [정렬] 그룹 – [회전] – [오른쪽으로 90도 회전]을 눌러서 우측 상단에 배치한다.

18 [마우스 오른쪽 버튼] – [도형 서식] – [색] – [다른 색]을 선택한 후에 [#FC8ABD]를 입력한다. 헥스 코드가 없는 버전 이용자의 경우 빨강 [252], 녹색 [138], 파랑 [189]를 입력한다.

19 [마우스 오른쪽 버튼] – [도형 서식] – [그림자] 옵션에서 흐리게 [10pt], 간격 [1pt]로 변경한다.

20 동일한 방법으로 나머지 물결 무늬에도 그림자를 넣어 완성한다.

21 [파일] 탭 – [다른 이름으로 저장] – [파일 형식]을 'png'로 변경한 다음, '현재 슬라이드만'을 선택하여 파일을 내보낸다.

내용 이미지 만드는 법

1   [빈 화면 슬라이드] – [디자인] 탭 – [사용자 지정] 그룹 – [슬라이드 크기] – [사용자 지정 슬라이드 크기]를 선택하고 새 창이 뜨면 너비 [30cm], 높이 [30cm]를 입력하고 [확인] 버튼을 누른다. [최대화]를 선택하여 슬라이드 크기를 [1:1] 비율로 변경한다.

2   눈금자선 단축키 **Alt**+**F9**를 눌러 십자선 눈금자가 나타나도록 만든다.

3   [삽입] 탭 – [이미지] 그룹 – [그림] – [이 디바이스]를 선택하고, 파일 [그림2.jpg]를 불러온다.

4   **Shift** 키를 누르면서 슬라이드 크기보다 여유 있게 크기를 조율한 다음 [그림 형식] 탭 – [크기] 그룹 – [자르기] – [가로 세로 비율] – [1:1]을 선택하여 정사각형으로 자른다.

5   [삽입] 탭 – [일러스트레이션] 그룹 – [도형] – [모서리가 둥근 직사각형]을 선택하고 마우스로 드래그하여 삽입한다. 이때 직사각형의 크기는 가로 [27.6cm], 세로 [20.5cm]로 한다.

6   [마우스 오른쪽 버튼] – [도형 서식] 메뉴에서 [채우기] – [단색 채우기] – [색] – [흰색]으로 변경하고, 투명도를 [10%]로 변경한다. [선] – [선 없음]을 선택하여 윤곽선을 없앤다.

7   [셰이프 형식] 탭 – [도형 스타일] 그룹 – [도형 효과] – [그림자] – [바깥쪽] – [오프셋: 오른쪽 아래]를 선택하여 오른쪽 아래에 그림자를 준다.

8   [셰이프 형식] 탭 – [도형 스타일] 그룹 – [도형 효과] – [그림자] – [바깥쪽] – [그림자 옵션] 메뉴로 진입하여 흐리게 [10pt], 간격 [1pt]로 변경한다.

9   [삽입] 탭 – [일러스트레이션] 그룹 – [도형] – [타원]을 선택하고 **Shift** 키를 눌러 [정원]을 삽입한다. 이때 원의 크기는 가로 [10.4cm], 세로 [10.4cm]로 한다.

10   [마우스 오른쪽 버튼] – [도형 서식] 메뉴에서 [채우기] – [단색 채우기] – [색] – [빨강, 강조1]로 변경하고, [미리 설정] – [바깥쪽] – [오프셋: 오른쪽 아래]를 선택한 후 [그림자] 옵션에서 흐리게 [10pt], 간격 [1pt]로 변경한다.

11   [삽입] 탭 – [텍스트] 그룹 – [텍스트 상자] – [가로 텍스트 상자 그리기]를 선택하고,

'ENFP'라고 쓴다. 이때 텍스트 서식은 [ONE 모바일 POP, 88pt, 흰색, 가운데 정렬]로 한다.

12 [삽입] 탭 – [텍스트] 그룹 – [텍스트 상자] – [가로 텍스트 상자 그리기]를 선택하고 텍스트 세부 내용에 대한 부분을 입력한다. 이때 텍스트 서식은 [ONE 모바일 POP, 36pt, 왼쪽 정렬]로 한다.

13 Ctrl + A 를 눌러 텍스트를 전체 선택하고, [홈] 탭 – [단락] 그룹에서 [글머리 기호] – [속이 찬 둥근 글머리 기호]를 선택한다.

14 [파일] 탭 – [다른 이름으로 저장] – [파일 형식]을 'png'로 변경한 다음, '현재 슬라이드만'을 선택하여 파일을 내보낸다.

내용 이미지 만드는 법 2

1 [빈 화면 슬라이드] – [디자인] 탭 – [사용자 지정] 그룹 – [슬라이드 크기] – [사용자 지정 슬라이드 크기]를 선택한다. 새 창이 뜨면 너비 [30cm], 높이 [30cm]를 입력하고 [확인] 버튼을 누른다. [최대화]를 선택하여 슬라이드 크기를 [1:1] 비율로 변경한다.

2 눈금자선 단축키 Alt + F9 를 눌러 십자선 눈금자가 나타나도록 만든다.

3 [삽입] 탭 – [이미지] 그룹 – [그림] – [이 디바이스]를 선택하고, 파일 [그림3.jpg]를 불러온다.

4 Shift 키를 누르면서 슬라이드 크기보다 여유 있게 크기를 조율한 다음, [그림 형식] 탭 – [크기] 그룹 – [자르기] – [가로 세로 비율] – [1:1]을 선택하여 정사각형으로 자른다.

5 [삽입] 탭 – [일러스트레이션] 그룹 – [도형] – [모서리가 둥근 직사각형]을 선택하고 마우스로 드래그하여 삽입한다. 이때 직사각형의 크기는 가로 [27.6cm], 세로 [20.5cm]로 한다.

6 [마우스 오른쪽 버튼] – [도형 서식] 메뉴에서 [채우기] – [단색 채우기] – [색] – [흰색]으로 변경하고, 투명도를 [10%]로 변경한다. [선] – [선 없음]을 선택하여 윤곽선을 없앤다.

7 [셰이프 형식] 탭 – [도형 스타일] 그룹 – [도형 효과] – [그림자] – [바깥쪽] – [오프셋: 오른쪽 아래]를 선택하여 오른쪽 아래에 그림자를 준다.

8 [셰이프 형식] 탭 – [도형 스타일] 그룹 – [도형 효과] – [그림자] – [바깥쪽] – [그림자 옵션] 메뉴로 진입하여 흐리게 [10pt], 간격 [1pt]로 변경한다.

9 [삽입] 탭 – [일러스트레이션] 그룹 – [도형] – [타원]을 선택하고 Shift 키를 눌러 [정원]을 삽입한다. 이때 원의 크기는 가로 [10.4cm], 세로 [10.4cm]로 한다.

10 [마우스 오른쪽 버튼] – [도형 서식] 메뉴에서 [채우기] – [단색 채우기] – [색] – [다홍, 강조5]로 변경하고, [미리 설정] – [바깥쪽] – [오프셋: 오른쪽 아래]를 선택한 후 [그림자] 옵션에서 흐리게 [10pt], 간격 [1pt]로 변경한다.

11 [삽입] 탭 – [텍스트] 그룹 – [텍스트 상자] – [가로 텍스트 상자 그리기]를 선택하고, 'ESFJ'라고 쓴다. 이때 텍스트 서식은 [ONE 모바일 POP, 88pt, 흰색, 가운데 정렬]로 한다.

12 [삽입] 탭 – [텍스트] 그룹 – [텍스트 상자] – [가로 텍스트 상자 그리기]를 선택하고 텍스트 세부 내용에 대한 부분을 입력한다. 이때 텍스트 서식은 [ONE 모바일 POP, 36pt, 왼쪽 정렬]로 한다.

13 Ctrl + A 를 눌러 텍스트를 전체 선택하고, [홈] 탭 – [단락] 그룹에서 [글머리 기호] – [속이 찬 둥근 글머리 기호]를 선택한다.

14 [파일] 탭 – [다른 이름으로 저장] – [파일 형식]을 'png'로 변경한 다음, '현재 슬라이드만'을 선택하여 파일을 내보낸다.

마무리 이미지 만드는 법

1 [빈 화면 슬라이드] – [디자인] 탭 – [사용자 지정] 그룹 – [슬라이드 크기] – [사용자 지정 슬라이드 크기]를 선택한다. 새 창이 뜨면 너비 [30cm], 높이 [30cm]를 입력하고 [확인] 버튼을 누른다. [최대화]를 선택하여 슬라이드 크기를 [1:1] 비율로 변경한다.

2 눈금자선 단축키 Alt + F9 를 눌러 십자선 눈금자가 나타나도록 만든다.

3 [삽입] 탭 – [이미지] 그룹 – [그림] – [이 디바이스]를 선택하고, 파일 [그림4.jpg]를 불

러온다.

4   Shift 키를 누르면서 슬라이드 크기보다 여유 있게 크기를 조율한 다음, [그림 형식] 탭 – [크기] 그룹 – [자르기] – [가로 세로 비율] – [1:1]을 선택하여 정사각형으로 자른다.

5   [삽입] 탭 – [일러스트레이션] 그룹 – [도형] – [직사각형]을 선택한 다음 Shift 키를 누르면서 [정사각형]을 삽입한다. 이때 직사각형의 크기는 슬라이드 크기와 동일하게 한다.

6   [마우스 오른쪽 버튼] – [도형 서식] – [채우기] – [단색 채우기] – [색] – [검정], [투명도] – [30%]로 변경하고, [선] – [선 없음]을 선택하여 윤곽선을 없앤다.

7   [삽입] 탭 – [텍스트] 그룹 – [텍스트 상자] – [가로 텍스트 상자 그리기]를 선택하여 '더 많은 정보는'이라고 입력한다. 텍스트 서식은 [빙그레체Ⅱ, 72pt, 흰색]으로 한다.

8   [셰이프 형식] 탭 – [WordArt 스타일] 그룹 – [텍스트 효과] – [그림자] – [바깥쪽] – [오프셋: 오른쪽 아래]를 선택하여 그림자를 추가한다.

9   [마우스 오른쪽 버튼] – [텍스트 형식] – [그림자] 옵션에서 흐리게 [5pt], 간격 [1pt]로 변경한다.

10   [삽입] 탭 – [일러스트레이션] 그룹 – [도형] – [직사각형]을 선택한 후 마우스로 드래그하여 직사각형을 삽입한다. 이때 직사각형의 크기는 가로 [11.85cm], 세로 [4.4cm]로 한다.

11   [마우스 오른쪽 버튼] – [도형 서식] – [채우기] – [단색 채우기] – [색] – [주황]으로 변경하고, [선] – [선 없음]을 선택하여 선을 없앤다.

12   [삽입] 탭 – [텍스트] 그룹 – [텍스트 상자] – [가로 텍스트 상자 그리기]를 선택하여 '커뮤니티'라고 입력한다. 이때 텍스트 서식은 [빙그레체Ⅱ, 72pt, 검정, 가운데 정렬]로 한다. 직사각형 위에 텍스트 상자가 놓이게 한다.

13   앞서 과정 7에서 삽입한 텍스트 상자를 선택하고, 개체 복사 단축키 Ctrl+D를 눌러 텍스트 상자를 복사한다. 텍스트 내용을 '에서!'로 수정하고 커뮤니티 우측에 배치한다.

14   [파일] 탭 – [다른 이름으로 저장] – [파일 형식]을 'png'로 변경한 다음, '현재 슬라이드만'을 선택하여 파일을 내보낸다.

CHAPTER 4 | 한 장짜리 포스터 만들기

파워포인트로 포스터도 간단히 만들 수 있다. 슬라이드 크기를 변경하고 사진과 표를 활용하여 안내문 포스터 만드는 연습을 해보자.

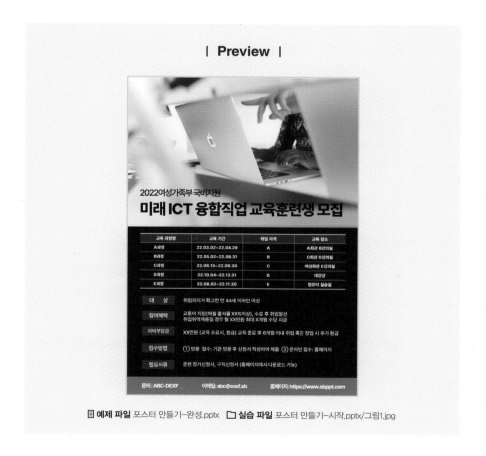

📑 예제 파일 포스터 만들기-완성.pptx **🗋 실습 파일** 포스터 만들기-시작.pptx/그림1.jpg

1   [빈 화면 슬라이드] – [디자인] 탭 – [사용자 지정] 그룹 – [슬라이드 크기] – [사용자 지정 슬라이드 크기]를 선택하고 새 창이 뜨면 너비 [29.7cm], 높이 [42cm]로 한다.

2   [삽입] 탭 – [이미지] 그룹 – [그림] – [이 디바이스]를 선택하고 [그림1.jpg]를 선택하여 파일을 삽입한다. Shift 키를 누르면서 사진 비율을 유지한 상태에서 가로 너비를 슬라이드 크기에 맞게 조율한다.

3   눈금자선 단축키 Alt + F9 를 눌러 십자선 눈금자가 나타나도록 만든다.

4   [삽입] 탭 – [텍스트] 그룹 – [텍스트 상자] – [가로 텍스트 상자 그리기]를 선택하여 '미래 ICT 융합직업 교육훈련생 모집'이라고 쓴다. 이때 텍스트 서식은 [Pretendard ExtraBold, 58pt, 왼쪽 정렬]로 한다.

5   [삽입] 탭 – [텍스트] 그룹 – [텍스트 상자] – [가로 텍스트 상자 그리기]를 선택하여 '2022 여성가족부 국비지원'이라고 입력한다. 이때 텍스트 서식은 [Pretendard Medium, 32pt, 왼쪽 정렬]로 한다.

6   [마우스 오른쪽 버튼] – [배경 서식] – [채우기] – [단색 채우기] – [색] – [청회색, 텍스트2]로 한다.

7   [삽입] 탭 – [표] 그룹 – [표]를 선택하여 [4*6] 표를 삽입한다.

8   마우스로 드래그하여 셀을 선택한 상태에서 [테이블 디자인] 탭 – [표 스타일] 그룹 – [음영] – [채우기 없음]을 선택하고, [테두리] – [테두리 없음]을 선택하여 기존 스타일을 지운다.

9   [테이블 디자인] 탭 – [테두리 그리기] 그룹 – [펜 색]을 [흰색]으로 변경하고 두께를 [0.75pt]로 변경한 다음, [테이블 디자인] 탭 – [표 스타일] 그룹 – [테두리] – [안쪽 테두리]를 선택하여 안쪽에 테두리를 넣는다.

10   [테이블 디자인] 탭 – [테두리 그리기] 그룹 – 두께를 [2.25pt]로 변경하고, [테두리] – [위쪽 테두리]를 선택하여 위쪽에 굵은 테두리를 넣는다.

11   마지막 행을 마우스로 드래그하여 선택한 다음 [테이블 디자인] 탭 – [표 스타일] 그룹 [테두리] – [아래쪽 테두리]를 선택하여 아래쪽에 굵은 테두리를 넣는다.

12 첫 번째 행을 마우스로 드래그하여 선택한 다음 [테이블 디자인] 탭 – [표 스타일] 그룹 – [음영]을 선택하고, [진한 파랑, 강조1]을 선택하여 색상을 변경한다.

13 `Ctrl`+`A`를 눌러 표 전체 행을 선택한 상태에서 [홈] 탭 – [글꼴] 그룹 – [색] – [흰색] 으로 색상 변경하고, 텍스트 서식은 [Pretendard ExtraBold, 16pt]로 한다.

14 [삽입] 탭 – [일러스트레이션] 그룹 – [도형] – [직사각형]을 선택하여 항목에 해당하는 직사각형을 삽입한다. 이때 직사각형의 크기는 가로 [4.2cm], 세로 [1.2cm]로 한다.

15 [마우스 오른쪽 버튼] – [도형 서식] – [채우기] – [단색 채우기] – [색] – [진한 파랑, 강조1]로 색상을 변경하고, [선] – [선 없음]을 선택하여 윤곽선을 없앤다.

16 [삽입] 탭 – [텍스트] 그룹 – [텍스트 상자] – [가로 텍스트 상자]를 선택하여 '대상'이 라고 입력한다. 이때 텍스트 서식은 [Pretendard Medium, 20pt, 가운데 정렬]로 한다.

17 [삽입] 탭 – [텍스트] 그룹 – [텍스트 상자] – [가로 텍스트 상자]를 선택하여 대상 세부 항목에 대한 내용을 입력한다. 이때, 텍스트 서식은 [Pretendard Medium, 18pt, 왼쪽 정렬]로 한다.

18 마우스로 드래그하여 직사각형과 텍스트 상자 2개를 동시에 선택한다. 개체 그룹화 단 축키 `Ctrl`+`G`를 눌러 하나의 개체로 만든 다음, 개체 복사 단축키 `Ctrl`+`D`를 눌러서 총 5개의 세트를 만든다.

19 [삽입] 탭 – [일러스트레이션] 그룹 – [도형] – [직사각형]을 선택한 다음, 마우스로 드 래그하여 직사각형을 하단에 삽입한다.

20 [마우스 오른쪽 버튼] – [도형 서식] – [채우기] – [단색 채우기] – [색] – [파랑, 강조5] 로 변경한 다음, [선] – [선 없음]으로 선택하여 윤곽선을 없앤다.

21 [삽입] 탭 – [텍스트] 그룹 – [텍스트 상자] – [가로 텍스트 상자 그리기]를 선택하여 '문의: 전화번호'를 입력한다. 이때, 텍스트 서식은 [Pretendard ExtraBold (제목), 20pt, 흰색, 왼쪽 정렬]로 한다.

22 개체 복사 단축키 `Ctrl`+`D`를 눌러 텍스트 상자를 2개 복사하고 각각 텍스트 내용을 이메일과 홈페이지 주소로 변경하여 포스터를 완성한다.

23 [파일] 탭 – [다른 이름으로 파일 저장]을 선택한 다음, 파일 형식 메뉴에서 'PDF'를 선 택하여 PDF로 파일을 내보낸다.

CHAPTER 5

모핑 기능으로 슬라이드 만들기

| Preview |

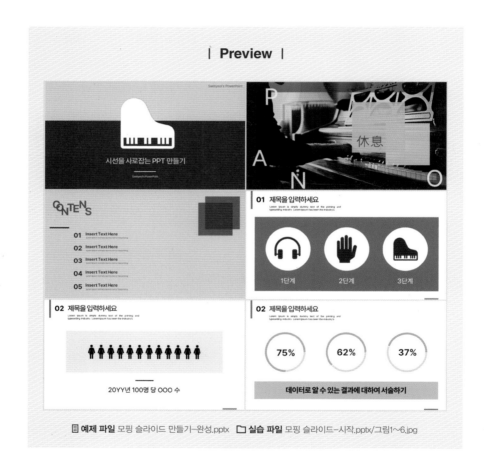

📑 **예제 파일** 모핑 슬라이드 만들기–완성.pptx 📂 **실습 파일** 모핑 슬라이드–시작.pptx/그림1~6.jpg

파워포인트 2019 버전 이상에서는 '모핑' 기능을 적용하여 애니메이션 효과가 있는 PPT 슬라이드를 연출할 수 있다. 모핑은 일정 기간 동안 발생하는 변형 과정의 결과를 예측하기 위한 이미지 변화에 사용되는 컴퓨터 애니메이션 기법이다. 파워포인트에서 줄 수 있는 애니메이션 효과는 크게 2가지로 나뉜다. 슬라이드와 슬라이드 사이에 있는 "전환" 효과와 객체에 움직임을 줄 수 있는 "애니메이션" 기능이 바로 그것이다. 모핑은 "전환" 효과 안에 있는 기능이며, 도형, 단어, 문자 3가지 효과 옵션이 있다. 모핑 효과는 앞 슬라이드와 뒷 슬라이드에 동일한 도형이나 문자가 다른 위치에 있거나 크기가 달라야 적용된다. 가장 쉬운 방법은 직사각형을 활용하는 방법이다. 앞선 슬라이드에 삽입한 직사각형을 복사해서 삽입하는 식으로 모핑 효과를 줄 수 있다. 예제를 통해 모핑 효과에 대해서 학습해보자.

01 | 표지 슬라이드 만들기

📖 **예제 파일** 모핑 슬라이드 표지-완성.pptx   📁 **실습 파일** 모핑 표지 슬라이드-시작.pptx/그림1.png

만드는 법

1   [빈 화면 슬라이드] − [마우스 오른쪽 버튼] − [배경 서식] − [채우기] − [단색 채우기] − [색] − [황갈색, 강조6]으로 변경한다.

2   [삽입] 탭 − [일러스트레이션] 그룹 − [도형] − [직사각형]을 선택하여 직사각형을 슬라이드 2/3 정도로 채운다.

3   [마우스 오른쪽 버튼] − [도형 서식] − [채우기] − [단색 채우기] − [색] − [진한 파랑, 강조1]로 변경하고 [선] − [선 없음]을 선택하여 윤곽선을 없앤다.

4   [삽입] 탭 − [이미지] 그룹 − [그림] − [이 디바이스]를 선택하여 [그림1.png]를 선택하여 픽토그램을 삽입한다.

5   [삽입] 탭 − [텍스트] 그룹 − [텍스트 상자] − [가로 텍스트 상자]를 선택하여 제목 텍스트를 입력한다. 이때 텍스트 서식은 [Pretendard (본문), 36pt, 가운데 정렬, 흰색]으로 한다.

6   [삽입] 탭 − [일러스트레이션] 그룹 − [도형] − [선]을 선택하여 Shift 키를 누르면서 직선을 삽입한다. 이때 선의 길이는 [3.67cm]로 한다.

7   [마우스 오른쪽 버튼] − [도형 서식] − [선] − [색] − [흰색]으로 변경하고, 너비 [4pt]로 변경한다.

8   [전환] 탭 − [모핑]을 선택하여 모핑 효과를 적용시킨다.

| Preview |

📖 **예제 파일** 모핑 디자인 슬라이드-완성.pptx　📁 **실습 파일** 모핑 디자인 슬라이드-시작.pptx/그림2.jpg

만드는 법

1　[빈 화면 슬라이드] – [삽입] 탭 – [이미지] 그룹 – [그림] – [이 디바이스]를 선택하고 [그림2.png]를 선택하여 슬라이드에 꽉 차게 삽입한다.

2　[도형 서식] 탭 – [크기] 그룹 – [자르기] 메뉴 – [가로 세로 비율] – [16:9]를 선택하여 슬라이드 비율에 맞춰서 사진을 자른다.

3　[삽입] 탭 – [일러스트레이션] 그룹 – [도형] – [액자]를 선택하고, 슬라이드 크기와 동일하게 삽입한다.

4　[마우스 오른쪽 버튼] – [도형 서식] – [채우기] – [단색 채우기] – [색] – [진한 파랑,

강조1]로 하고, 투명도를 [40%]로 한다. [선] – [선 없음]을 선택하여 윤곽선을 없앤다.

5   [삽입] 탭 – [일러스트레이션] 그룹 – [도형] – [직사각형]을 선택하고 Shift 키를 누르면서 정사각형을 삽입한다. 이때 정사각형의 크기는 가로 [8.8cm], 세로 [8.8cm]로 한다.

6   [마우스 오른쪽 버튼] – [도형 서식] – [채우기] – [단색 채우기] – [색] – [황금색, 강조 3]으로 하고 투명도를 [10%]로 한다. [선] – [선 없음]을 선택하여 윤곽선을 없앤다.

7   Ctrl 키를 누르면서 마우스로 드래그하여 정사각형을 복사한 다음, [도형 서식] 탭 – [크기] 그룹에서 가로 [7.4cm], 세로 [7.4cm]로 변경한다.

8   [마우스 오른쪽 버튼] – [도형 서식] – [채우기] – [단색 채우기] – [색] – [황갈색, 강조 6]으로 색상을 변경한다.

9   앞서 삽입한 황금색 정사각형을 선택하고 [마우스 오른쪽 버튼] – [맨 앞으로 보내기]를 누른다.

10   [삽입] 탭 – [텍스트] 그룹 – [텍스트 상자] – [가로 텍스트 상자 그리기]를 선택하여 '휴식(休息)'이라고 쓴다. 이때, 텍스트 서식은 [Pretendard (본문), 36pt, 왼쪽 정렬]로 하고, 색상은 [황갈색, 강조6, 50% 더 어둡게]로 한다.

11   [삽입] 탭 – [텍스트] 그룹 – [텍스트 상자] – [가로 텍스트 상자 그리기]를 선택하여 'P'라고 쓴다. 이때, 텍스트 서식은 [Pretendard (본문), 115pt, 왼쪽 정렬]로 한다. 글꼴 색은 [황금색, 강조3, 80% 더 밝게]로 한다.

12   Ctrl 키를 누르면서 마우스로 드래그하여 텍스트 상자를 총 4개 복사한 다음, 'I', 'A', 'N', 'O'를 차례로 입력하면서 수정한다.

13   'I'를 삽입한 텍스트 상자의 경우, 텍스트 색상을 [황갈색, 강조4]로 변경한다.

14   [전환] 탭 – [모핑]을 선택하여 모핑 효과를 적용시킨다.

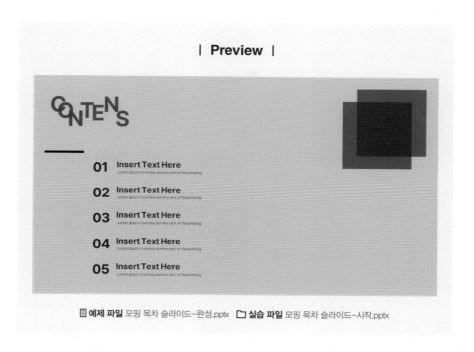

| Preview |

📋 **예제 파일** 모핑 목차 슬라이드-완성.pptx   📁 **실습 파일** 모핑 목차 슬라이드-시작.pptx

만드는 법

1   [빈 화면 슬라이드] – [마우스 오른쪽 버튼] – [배경 서식] – [채우기] – [단색 채우기] – [색] – [황갈색, 강조6]을 선택하여 배경색을 변경한다.

2   [삽입] 탭 – [일러스트레이션] 그룹 – [도형] – [직사각형]을 삽입한다. 크기는 가로 [3.32cm], 세로 [0.2cm]로 한다.

3   [마우스 오른쪽 버튼] – [도형 서식] – [선] – [선 없음]을 선택하여 윤곽선을 없앤다.

4   [삽입] 탭 – [텍스트] 그룹 – [텍스트 상자] – [가로 텍스트 상자 그리기]를 선택하여 '01'을 삽입한다. 이때, 텍스트 서식은 [Arial (본문), 32pt, 글꼴 굵게, 왼쪽 정렬]로 한다.

5   [삽입] 탭 – [텍스트] 그룹 – [텍스트 상자] – [가로 텍스트 상자 그리기]를 선택하여 소
    제목 텍스트를 삽입한다. 이때 텍스트 서식은 [Pretendard (본문), 20pt, 글꼴 굵게, 왼
    쪽 정렬]로 한다.

6   세부 항목 텍스트 상자를 입력해보자. [삽입] 탭 – [텍스트] 그룹 – [텍스트 상자] –
    [가로 텍스트 상자 그리기]를 선택하여 텍스트 상자를 삽입한다. 이때 텍스트 서식은
    [Pretendard (본문), 9pt, 왼쪽 정렬]로 한다.

7   텍스트 상자 3개를 마우스로 드래그하여 동시 선택한 다음, 개체 그룹화 단축키 `Ctrl`
    +`G`를 눌러서 1개의 개체로 만든다.

8   개체 복사 단축키 `Ctrl`+`D`를 이용하여 총 5개의 텍스트 상자 세트를 만들고, 숫자와
    소제목 부분을 수정한다.

9   [삽입] 탭 – [일러스트레이션] 그룹 – [도형] – [직사각형]을 선택하고 `Shift` 키를 눌러
    정사각형을 삽입한다. 이때 정사각형의 크기는 가로 [5.8cm], 세로 [5.8cm]로 한다.

10 [마우스 오른쪽 버튼] – [도형 서식] – [채우기] – [투명도] – [30%]로 변경하고, [선] –
    [선 없음]을 선택하여 윤곽선을 없앤다.

11 `Ctrl` 키를 눌러 마우스로 드래그하여 정사각형을 복사하여 겹치게 배치한다.

12 [삽입] 탭 – [텍스트] 그룹 – [텍스트 상자] – [가로 텍스트 상자 그리기]를 선택하여,
    'C'를 삽입한다. 이때 텍스트 서식은 [Pretendard (본문), 54pt, 글꼴 굵게, 왼쪽 정렬]로
    한다.

13 [마우스 오른쪽 버튼] – [텍스트 효과 서식]을 선택하고, [텍스트 채우기] – [투명도] –
    [10%]로 변경한다.

14 `Ctrl` 키를 눌러 마우스로 드래그하여 텍스트 상자를 복사하여 'O', 'N', 'T', 'E', 'N', 'T',
    'S'를 각각 넣어서 겹치게 배치한다.

15 [전환] 탭 – [모핑]을 선택하여 모핑 효과를 적용시킨다.

| Preview |

📑 **예제 파일** 모핑 내용 슬라이드1-완성.pptx   🗔 **실습 파일** 모핑 내용 슬라이드1-시작.pptx/그림3~5.png

만드는 법

1   [빈 화면 슬라이드] – [삽입] 탭 – [일러스트레이션] 그룹 – [도형] – [직사각형]을 선택하여 세로로 길게 직사각형을 삽입한다. 이때 직사각형의 크기는 가로 [0.28cm], 세로 [3.26cm]로 한다.

2   [마우스 오른쪽 버튼] – [도형 서식] – [채우기] – [단색 채우기] – [색] – [바다색, 강조 2]로 색상을 변경하고, [선] – [선 없음]을 선택하여 윤곽선을 없앤다.

3   [삽입] 탭 – [텍스트] 그룹 – [텍스트 상자] – [가로 텍스트 상자 그리기]를 선택하여 '01'를 입력한다. 이때 텍스트 서식은 [Pretendard (본문), 36pt, 글꼴 굵게, 왼쪽 정렬]로 한다.

4 [삽입] 탭 – [텍스트] 그룹 – [텍스트 상자] – [가로 텍스트 상자 그리기]를 선택하여 제목 텍스트를 입력한다. 이때 텍스트 서식은 [Pretendard (본문), 36pt, 왼쪽 정렬]로 한다.

5 설명 텍스트 상자를 삽입해보자. [삽입] 탭 – [텍스트] 그룹 – [텍스트 상자] – [가로 텍스트 상자 그리기]를 선택하여 텍스트 상자를 삽입한다. 이때 텍스트 서식은 [Pretendard (본문), 12pt, 왼쪽 정렬]로 한다.

6 [삽입] 탭 – [일러스트레이션] 그룹 – [도형] – [직사각형]을 선택하여 마우스로 드래그하여 직사각형을 삽입한다. 이때 직사각형의 크기는 가로 [30.95cm], 세로 [12.9cm]로 한다.

7 [마우스 오른쪽 버튼] – [도형 서식] – [채우기] – [단색 채우기] – [색] – [바다색, 강조 2]로 색상을 변경하고 [선] – [선 없음]을 선택하여 윤곽선을 없앤다.

8 [삽입] 탭 – [일러스트레이션] 그룹 – [도형] – [타원]을 선택한 다음 Shift 키를 누르면서 [정원]을 삽입한다. 이때 원의 크기는 가로 [7.58cm], 세로 [7.58cm]로 한다.

9 [마우스 오른쪽 버튼] – [도형 서식] – [채우기] – [단색 채우기] – [색] – [흰색]으로 변경하고 [선] – [선 없음]을 선택하여 윤곽선을 없앤다.

10 [삽입] 탭 – [일러스트레이션] 그룹 – [아이콘]을 선택하여 픽토그램을 삽입한다. (이 메뉴가 없는 경우, [삽입] 탭 – [이미지] 그룹 – [그림] – [이 디바이스]를 선택하고 [그림3~5. png]를 삽입한다.)

11 [삽입] 탭 – [텍스트] 그룹 – [텍스트 상자] – [가로 텍스트 상자 그리기]를 선택하여 설명 텍스트 상자를 삽입한다. 이때 텍스트 서식은 [Pretendard (본문), 32pt, 가운데 정렬]로 한다.

12 원과 픽토그램, 텍스트 상자를 마우스로 드래그하여 동시 선택하고, 개체 그룹화 단축키 Ctrl+G를 눌러 하나의 개체로 만든다.

13 개체 복사 단축키 Ctrl+D를 이용하여 총 3개의 세트를 만든다.

14 픽토그램을 선택한 상태에서 [마우스 오른쪽 버튼] – [그래픽 변경] – [아이콘] 또는 [이 디바이스]를 선택하여 픽토그램을 변경한다.

15 [삽입] 탭 – [일러스트레이션] 그룹 – [도형] – [직사각형]을 선택하여 마우스로 드래

그하여 슬라이드 우측 하단에 삽입한다. 이때, 직사각형의 크기는 가로 [2.37cm], 세로 [0.33cm]로 한다.

16 [마우스 오른쪽 버튼] – [도형 서식] – [채우기] – [단색 채우기] – [색] – [바다색, 강조 2]로 변경하고, [선] – [선 없음]을 선택하여 윤곽선을 없앤다.

17 [전환] 탭 – [모핑]을 선택하여 모핑 효과를 적용시킨다.

05 내용 슬라이드 만들기 2

| Preview |

02 제목을 입력하세요

Lorem Ipsum is simply dummy text of the printing and typesetting industry. Lorem Ipsum has been the industry's

20YY년 100명 당 OOO 수

📖 **예제 파일** 모핑 내용 슬라이드2-완성.pptx   📁 **실습 파일** 모핑 내용 슬라이드2-시작.pptx/그림6.png

만드는 법

1   [빈 화면 슬라이드] – [삽입] 탭 – [일러스트레이션] 그룹 – [도형] – [직사각형]을 선택하여 세로로 길게 직사각형을 삽입한다. 이때 직사각형의 크기는 가로 [0.28cm], 세로 [3.26cm]로 한다.

2   [마우스 오른쪽 버튼] – [도형 서식] – [채우기] – [단색 채우기] – [색] – [바다색, 강조 2]로 색상을 변경하고, [선] – [선 없음]을 선택하여 윤곽선을 없앤다.

3   [삽입] 탭 – [텍스트] 그룹 – [텍스트 상자] – [가로 텍스트 상자 그리기]를 선택하여 '02'를 입력한다. 이때 텍스트 서식은 [Pretendard (본문), 36pt, 글꼴 굵게, 왼쪽 정렬]로 한다.

4   [삽입] 탭 – [텍스트] 그룹 – [텍스트 상자] – [가로 텍스트 상자 그리기]를 선택하여 제목 텍스트를 입력한다. 이때 텍스트 서식은 [Pretendard (본문), 36pt, 왼쪽 정렬]로 한다.

5   설명 텍스트 상자를 삽입해보자. [삽입] 탭 – [텍스트] 그룹 – [텍스트 상자] – [가로 텍스트 상자 그리기]를 선택하여 텍스트 상자를 삽입한다. 이때 텍스트 서식은 [Pretendard (본문), 12pt, 왼쪽 정렬]로 한다.

6   [삽입] 탭 – [일러스트레이션] 그룹 – [도형] – [직사각형]을 선택하여 마우스로 드래그하여 직사각형을 삽입한다. 이때 직사각형의 크기는 가로 [26.35cm], 세로 [7.2cm]로 한다.

7   [마우스 오른쪽 버튼] – [도형 서식] – [채우기] – [패턴 채우기]를 선택하고, [대각선 줄무늬: 어두운 상향]으로 변경한다. 이때 전경색은 [흰색, 배경1, 5% 더 어둡게]로 하고, 배경은 [황갈색, 강조4, 40% 더 밝게]로 한다. [선] – [선 없음]을 선택하여 윤곽선을 없앤다.

8   [삽입] 탭 – [이미지] 그룹 – [그림] – [이 디바이스]를 선택하여 [그림6.png]를 선택하여 픽토그램을 삽입한다.

9   개체 복사 단축키 `Ctrl`+`D`를 이용하여 픽토그램을 총 12개로 만든다.

10   [삽입] 탭 – [일러스트레이션] 그룹 – [도형] – [선]을 선택하고, `Shift` 키를 눌러 직선을 삽입한다. 이때 직선의 길이는 [3cm]로 한다.

11 [마우스 오른쪽 버튼] – [도형 서식] – [선] – [색] – [청회색, 텍스트 2, 25% 더 어둡게]를 선택하여 색상을 변경하고, 너비를 [4.5pt]로 한다.

12 [삽입] 탭 – [텍스트] 그룹 – [텍스트 상자] – [가로 텍스트 상자 그리기]를 선택하여 설명 텍스트 상자를 삽입한다. 이때 텍스트 서식은 [Pretendard (본문), 32pt, 가운데 정렬]로 한다.

13 [삽입] 탭 – [일러스트레이션] 그룹 – [도형] – [직사각형]을 선택하여 마우스로 드래그하여 슬라이드 우측 하단에 삽입한다. 이때, 직사각형의 크기는 가로 [2.37cm], 세로 [0.33cm]로 한다.

14 [마우스 오른쪽 버튼] – [도형 서식] – [채우기] – [단색 채우기] – [색] – [바다색, 강조 2]로 변경하고, [선] – [선 없음]을 선택하여 윤곽선을 없앤다.

15 [전환] 탭 – [모핑]을 선택하여 모핑 효과를 적용시킨다.

| Preview |

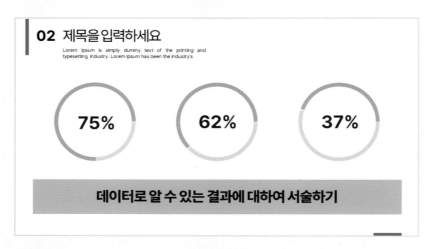

📄 **예제 파일** 모핑 내용 슬라이드3-완성.pptx   📁 **실습 파일** 모핑 내용 슬라이드3-시작.pptx

만드는 법

1 [빈 화면 슬라이드] – [삽입] 탭 – [일러스트레이션] 그룹 – [도형] – [직사각형]을 선택하여 세로로 길게 직사각형을 삽입한다. 이때 직사각형의 크기는 가로 [0.28cm], 세로 [3.26cm]로 한다.

2 [마우스 오른쪽 버튼] – [도형 서식] – [채우기] – [단색 채우기] – [색] – [바다색, 강조 2]로 색상을 변경하고, [선] – [선 없음]을 선택하여 윤곽선을 없앤다.

3 [삽입] 탭 – [텍스트] 그룹 – [텍스트 상자] – [가로 텍스트 상자 그리기]를 선택하여 '02'를 입력한다. 이때 텍스트 서식은 [Pretendard (본문), 36pt, 글꼴 굵게, 왼쪽 정렬]로 한다.

4   [삽입] 탭 – [텍스트] 그룹 – [텍스트 상자] – [가로 텍스트 상자 그리기]를 선택하여 제목 텍스트를 입력한다. 이때 텍스트 서식은 [Pretendard (본문), 36pt, 왼쪽 정렬]로 한다.

5   설명 텍스트 상자를 삽입해보자. [삽입] 탭 – [텍스트] 그룹 – [텍스트 상자] – [가로 텍스트 상자 그리기]를 선택하여 텍스트 상자를 삽입한다. 이때 텍스트 서식은 [Pretendard (본문), 12pt, 왼쪽 정렬]로 한다.

6   [삽입] 탭 – [일러스트레이션] 그룹 – [도형] – [타원]을 선택하고 Shift 키를 누르면서 [정원]을 삽입한다. 이때 원의 크기는 가로 [6.5cm], 세로 [6.5cm]로 한다.

7   [마우스 오른쪽 버튼] – [도형 서식] – [채우기] – [채우기 없음]으로 변경하고, [선] – [실선] – [색] – [흰색, 배경1, 15% 더 어둡게]으로 변경하고, 너비는 [10pt]로 한다.

8   [삽입] 탭 – [일러스트레이션] 그룹 – [도형] – [원호]를 선택하고 Shift 키를 누르면서 호를 삽입한다. 이때 호의 크기는 원과 동일하게 가로 [6.5cm], 세로 [6.5cm]로 한다.

9   [마우스 오른쪽 버튼] – [도형 서식] 탭 – [선] – [실선] – [색] – [황갈색, 강조4]로 변경하고, 너비 [10pt]로 한다.

10   노란색 핸들로 원의 호 길이를 변경한다.

11   [삽입] 탭 – [텍스트] 그룹 – [텍스트 상자] – [가로 텍스트 상자 그리기]를 선택하여 '75%'를 입력한다. 이때 텍스트 서식은 [Pretendard (본문), 44pt, 글꼴 굵게, 왼쪽 정렬]로 한다.

12   마우스로 드래그하여 원, 원호, 텍스트 상자를 동시 선택하고 개체 그룹화 단축키 Ctrl +G 를 눌러 하나의 개체로 만든다.

13   개체 복사 단축키 Ctrl+D 를 눌러 총 3개의 원호를 만들고 각각의 데이터를 '62%', '37%'로 변경하고, 원호를 선택하면 나타나는 노란색 핸들로 길이를 조절한다.

14   [삽입] 탭 – [일러스트레이션] 그룹 – [도형] – [직사각형]을 선택하고, 가로 [30cm], 세로 [3cm]로 한다.

15   [마우스 오른쪽 버튼] – [도형 서식] 메뉴에서 [채우기] – [단색 채우기] – [색] – [하늘색, 강조5]로 색상을 변경한다. [선] – [선 없음]을 선택하여 윤곽선을 없앤다.

16   [삽입] 탭 – [텍스트] 그룹 – [텍스트 상자] – [가로 텍스트 상자 그리기]를 선택하여 내

용 텍스트를 입력한다. 이때, 텍스트 서식은 [Pretendard ExtraBold (제목), 36pt, 가운데 정렬]로 한다.

17   [삽입] 탭 – [일러스트레이션] 그룹 – [도형] – [직사각형]을 선택하여 마우스로 드래그하여 슬라이드 우측 하단에 삽입한다. 이때, 직사각형의 크기는 가로 [2.37cm], 세로 [0.33cm]로 한다.

18   [마우스 오른쪽 버튼] – [도형 서식] – [채우기] – [단색 채우기] – [색] – [바다색, 강조 2]로 변경하고, [선] – [선 없음]을 선택하여 윤곽선을 없앤다.

19   [전환] 탭 – [모핑]을 선택하여 모핑 효과를 적용시킨다.

☀ 새별이 알려주는 꿀팁!

1 [전환] 탭에서 [타이밍] 그룹 '모두 적용'을 선택하면 모든 슬라이드에 동일한 전환 효과를 넣을 수 있다. 또한 화면 전환 메뉴에서 '마우스를 클릭할 때'를 해제하고, '다음 시간 후'를 선택한 다음, 특정 시간을 입력하면 자동으로 효과가 나타난다.
2 [파일] 탭 – [다른 이름으로 저장] – [파일 형식]을 MPEG-4 비디오 또는 Windows Media 비디오를 선택하면 동영상 파일로 만들어 내보낼 수 있다.

Outro.

PPT 제작 후
자체 점검 체크리스트

책에 있는 예제를 통해 PPT 디자인에 대한 감각을 어느 정도 익혔다고 생각하더라도, 실제로 무에서 유를 창조하는 과정에서 다양한 어려움과 직면할 수 있다. 내가 생각한 것과 다른 디자인 결과물이 나왔을 때에는 아래의 체크리스트를 활용하여 어떤 부분이 문제가 되는지 확인해보자.

- 내용 슬라이드에 화려한 배경을 사용했다.
- 한 슬라이드에 5가지 이상의 색깔을 사용했다.
- 각 개체 간의 간격이 다르다. (ex) 줄 간격, 그림 사이의 간격
- 사진, 그림, 픽토그램 등의 비율이 원본과 다르다.
- 한 슬라이드에 글머리 기호를 2개 이상 사용했다.
- 한 슬라이드에 6줄이 넘어가는 내용이 있다.
- 한 슬라이드 안에 윤곽선과 그림자 효과 등 다양한 효과를 동시에 넣었다.
- 애니메이션 효과를 각 개체마다 삽입했다.
- 줄글로 내용 슬라이드를 꽉 채웠다.
- 글 색상이 잘 눈에 들어오지 않는다.
- 다른 디자인 스타일의 픽토그램을 한 슬라이드에 넣었다.
- 동일한 항목의 내용인데 글꼴 크기를 다르게 했다.
- 내용 전체를 대표할 수 있는 내용이 아닌 소제목을 사용했다.
- 템플릿을 다운로드 받아 사용할 때 경우 기존 템플릿 디자인 스타일과 다른 스타일로 추가 작업을 했다.

PPT 디자인을 할 때, 가장 조심해야 하는 것은 자신의 감을 지나치게 신뢰하는 것이다. 이 정도면 괜찮을 것 같다고 생각이 든다면 잠시 그 파일과 거리 두기를 해보자. 다음 날 다시 파일을 열어보면 보완할 점이나 수정해야 할 점이 눈에 보일 것이다. 또 사공이 많으면 배가 산으로 간다. 여러 사람의 의견을 모두 PPT 디자인에 반영하려고 하면, 통일성 있는 디자인 이 되기 어려워진다. 무엇보다 '내용이 눈에 잘 들어오는 디자인'에 해당되는지를 질문하면서 작업하길 추천한다.

**PPT 제작에 도움을 주는
유용한 웹사이트 목록**

사진

픽사베이 pixabay.com

　　저작권 무료 이미지를 구할 수 있는 웹사이트이다. 회원 가입 없이도 이용할 수 있지만 회원 가입 후 사용하는 것을 추천한다. 외국 사이트지만 한국어로 이용할 수 있고 한국어로 검색도 가능하다.

언스플래시 | unsplash.com

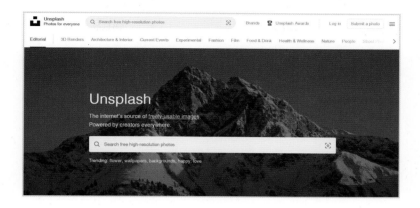

저작권 무료인 감성 이미지를 구할 수 있는 웹사이트다. 표지 이미지에 적합한 이미지를 구하기 쉽다. 회원 가입을 하지 않아도 다운로드가 가능하다. 영문 사이트이기 때문에 영문으로만 이용이 가능하다.

픽셀즈 | www.pexels.com/ko-kr

저작권 무료인 웹사이트이며 감성 이미지 등 매우 자료가 많아 유용하다. 회원 가입을 하지 않아도 다운로드가 가능하다. 한국어로도 검색이 가능하고 연관 검색어로도 검색이 가능하여 원하는 이미지를 쉽게 구할 수 있다.

픽토그램, 이미지

플랫아이콘 flaticon.com

아주 많은 픽토그램을 쉽게 구할 수 있는 웹사이트이다. 외국 사이트이지만 한국어로 검색이 가능하다. 저작권 표기를 할 경우, 무료로 사용할 수 있다. 회원 가입을 해야 다운로드를 받는 데 큰 제약이 없으므로 회원 가입 후 이용하는 것을 추천한다.

PNGIMG pngimg.com

배경이 투명한 이미지인 PNG 이미지를 모아 놓은 사이트다. 영문 사이트이며, 상업적으로는 이용이 어렵다. 키워드 위주로 이미지를 쉽게 찾아서 저장할 수 있는 것이 큰 장점이다.

색상

어도비 컬러 CC (Adobe Color CC) color.adobe.com/

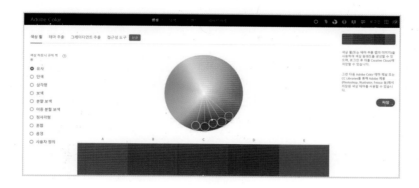

사진을 업로드 하면 색상을 자동으로 추출해주는 웹사이트이다. 회원 가입 없이도 이용이 가능하며, 회원 가입을 할 경우 팔레트를 저장해두고 포토샵이나 일러스트레이터 등에서도 사용할 수 있다.

컬러 헌트 colorhunt.co

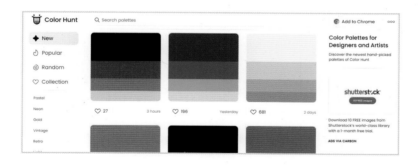

색상 팔레트가 모여 있는 웹사이트로 색상 테마에 대한 아이디어가 없는 경우 참고할 수 있다. 파워포인트의 스포이트 기능을 활용하여 색상 추출을 한 다음 파워포인트 파일에 적용하면 된다.

글꼴

네이버 한글한글 아름답게 hangeul.naver.com

네이버에서 개발한 무료 글꼴을 다운로드 받을 수 있는 웹페이지다.

눈누 noonnu.cc

고운돋움Regular	고운바탕Regular	창원단감아삭체	프리텐다드	망그빙8
편안하고 친근한 돋움	단정하고 고운 글 씨체	아삭한 단감 먹고 싶다	세상에 이런 폰트 가 나오다니 천재 인듯	망그가 좋아서 망그빙8도 좋아
휴먼희	휴먼희	창원시 농업기술센터	김정진 (orioncactus)	눈**
대왕숫어	함박눈세	IM헤인체 Bold	원스토어 모바일POP체	엘리스디지털배움체B
대왕숫어 함박눈 숫어 함박숫어	눈이 펑펑 오면 너 무 춥다	동글동글 모서리 금융을 더 말랑하 게	튀긴음식만 먹어도 건강했으면	조용한 카페에서 작업하는거 좋아
빠마코	눈사리	DGB대구은행	(주)원스토어	엘리스
카페24 써라운드에어	카페24 써라운드	강한육군 Bold	서평원 꺾깎체	세방고딕 Bold
ㅐㅌㅣㅍ아ㅣ 세상에	동글둥글한 고딕	우리나라 육군은	외계 고브느 펴새 쉬	날씨가 쪼으며 드

상업용 무료 폰트를 모아 놓은 사이트로, 폰트를 미리 사용해볼 수 있어서 유용하다.

제작 보조 툴

미리 캔버스 www.miricanvas.com

무료 디자인 툴로 PPT, 로고, 배너, 카드뉴스, 유튜브 썸네일 등을 간단히 만들 수 있다. 사용 범위 등에 따라서 저작권료를 지불해야 하는 경우가 있으므로 관련 내용을 확인한 후 사용하는 것을 추천한다.

칸바 (Canva) www.canva.com

미리 캔버스와 유사한 디자인 툴로 다양한 형태의 콘텐츠를 만들 수 있다.

아이디어 정리 도구

엑스마인드 (Xmind) www.xmind.net

엑스마인드는 인드맵 프로그램으로 윈도우뿐만 아니라 맥 운영체제에서도 사용이 가능하며, 모바일 기기에서도 사용할 수 있다. 키보드 Tab 키를 누르면 하위 항목이 생성되는 형식으로 사용 방법도 간단하다.

디자인 아이디어 영감 사이트

핀터레스트 www.pinterest.co.kr

이미지 기반으로 검색할 수 있는 웹사이트이다. 키워드 위주로 검색하여 다양한 디자인 아이디어를 얻을 수 있다.

비핸스 www.behance.net

디자이너들의 포트폴리오를 모아 놓은 웹사이트이며 어도비에서 운영하고 있다. 다양한 디자인 영감을 얻을 수 있어 추천한다.

새별 추천 컬러 팔레트 20

PPT를 만들 시간이 부족할 때는 색감과 레이아웃만으로도 깔끔하게 PPT를 완성할 수 있다.

팔레트1 | 미국 서부 감성

추천 주제 인테리어, 가죽, 공방, 책 등
연출하고 싶은 느낌 차분하고 깔끔한 느낌

#4792B1   #165675   #EAB794   #CEA084   #8A838D   #303843

팔레트2 | 트렌디

추천 주제 K-Pop, 예술, SNS, 미디어 등
연출하고 싶은 느낌 트렌디한 느낌

#025FA6   #057BD5   #A36FD3   #E187CA   #FDB591   #EBCFCD

팔레트3 | 팝아트

추천 주제 패션, 예술, 전시 등
연출하고 싶은 느낌 통통 튀는 느낌

| #FB6BB8 | #01F1FD | #EFFF21 | #F91D37 | #0283C5 | #02BCBE |

팔레트4 | 부농부농하고 파랑파랑해

추천 주제 화장품, 패션 등
연출하고 싶은 느낌 세련되고 상큼한 느낌

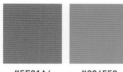

| #5E91A4 | #384552 | #D5C7C1 | #D2A67C | #984B2A | #342619 |

팔레트5 | 차분하고 깔끔한

추천 주제 화학, 물리 등
연출하고 싶은 느낌 차분하고 진중한 느낌

| #0D4C89 | #6090B9 | #DFDBD2 | #C99F75 | #9A918B | #887972 |

팔레트6 | 터콰이즈

추천 주제 인테리어, 환경 친화, 문구, 찻잔 등
연출하고 싶은 느낌 무게감이 있지만 밝은 분위기

#00ADAC #79E0D9 #F7F3F4 #E1C5B9 #FAC171 #35627B

팔레트7 | 마카롱

추천 주제 디저트, 카페 등
연출하고 싶은 느낌 부드럽고 따뜻한 느낌

#E41321 #FB9B8F #FFD688 #FDECD4 #DEDDDD #B6BFDD

팔레트8 | 베이직

추천 주제 IT, 재무, 회계, 기본 보고서 등
연출하고 싶은 느낌 깔끔하고 전문적인 느낌

#224D60 #006182 #4E849C #DCDBD9 #3B626E #27383E

팔레트9 | 달콤한 사탕

추천 주제 뷰티, 웨딩 등
연출하고 싶은 느낌 따뜻하고 포근한 느낌

| #DC9082 | #8D524A | #FFE7C8 | #F46E65 | #F6CAAB | #F3B68D |

팔레트10 | 정열적인

추천 주제 환경, 남미, 캠핑 등
연출하고 싶은 느낌 강렬하고 밝고 명랑한 느낌

| #F4E410 | #21A37D | #D9E3E1 | #575A4D | #003808 | #9F2C04 |

팔레트11 | 레트로

추천 주제 레트로한 분위기, 장난감, 유아 용품, 미디어 등
연출하고 싶은 느낌 깔끔하지만 강조하고 싶은 내용이 있을 때

| #ABCDCC | #01628D | #FFF2CD | #FF004C | #AEABAB | #757070 |

팔레트12 | 아쿠아

추천 주제 자연, 인테리어, 패션 등
연출하고 싶은 느낌 부드럽지만 고급스러운 느낌

#A4CACA   #548282   #D7D4C1   #BBB4A0   #548282   #786956

팔레트13 | 구겔호프

추천 주제 제과 제빵, 공간, 인테리어 등
연출하고 싶은 느낌 포근하고 따뜻하면서 중후한 느낌

#AB6F52   #E4966F   #FEDEB0   #896D63   #B59892   #786956

팔레트14 | 깔끔함의 정석

추천 주제 정보 기술, 인공지능 등
연출하고 싶은 느낌 깔끔하고 심플한 느낌

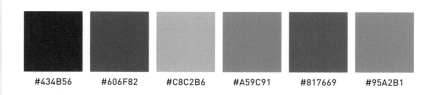

#434B56   #606F82   #C8C2B6   #A59C91   #817669   #95A2B1

팔레트15 | 쿨톤 팔레트

추천 주제 메이크업, 패션 등
연출하고 싶은 느낌 도회적인 느낌

#924A55   #C05171   #D885B1   #F2D9D4   #C7677C   #DD9C8F

팔레트16 | 지중해

추천 주제 전기차, 여행, 여름 등
연출하고 싶은 느낌 밝고 상쾌한 느낌

#7CBAC9   #01A6BC   #006583   #E8E4D9   #B3A197   #8A8686

팔레트17 | 벚꽃 엔딩

추천 주제 뷰티, 패션, 도서, 여성 등
연출하고 싶은 느낌 봄처럼 부드럽고 따스한 느낌

#E55C6C   #EB9096   #EFDAC9   #E0C7A4   #BAB0A4   #C6A57B

팔레트18 | 민트

추천 주제 자연, 기본 보고서 등
연출하고 싶은 느낌 차분하고 정적인 느낌

| #9FD7BF | #52B49B | #43A49D | #808684 | #94B4B3 | #AEB2B1 |

팔레트19 | 고르곤졸라

추천 주제 패션, 디자인 등
연출하고 싶은 느낌 고급스럽고 우아한 느낌

| #5F5F5D | #7C7C7A | #BEB7B1 | #3D3A35 | #D1C6AE | #DFD8C7 |

팔레트20 | 옐로우 앤 그레이

추천 주제 자동차, 기계, 음식 등
연출하고 싶은 느낌 무게감이 있지만 밝은 느낌

| #FEC800 | #E7AB63 | #3A3838 | #757070 | #FFE78F | #FFF4CB |

부록 2
새별의 다이어그램 50

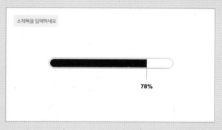

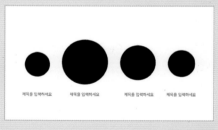

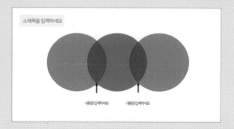

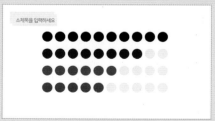

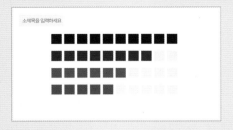

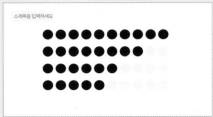

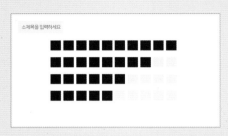

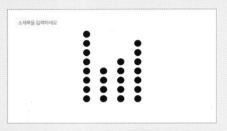

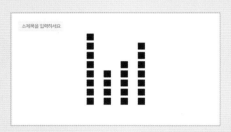

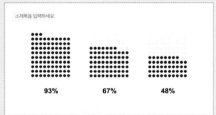

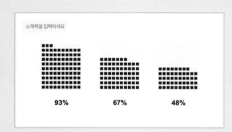

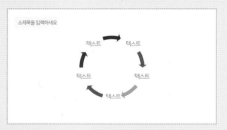

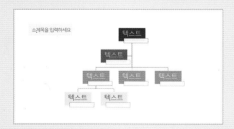

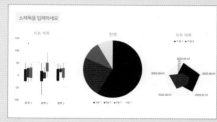

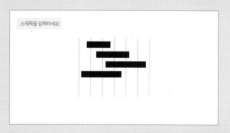

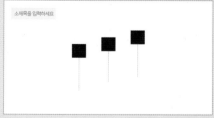

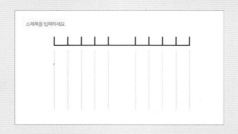

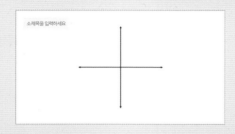

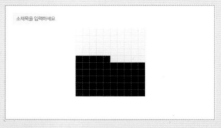

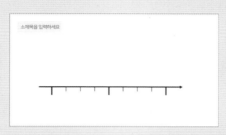

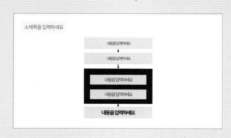

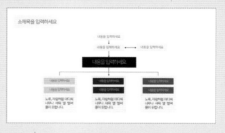

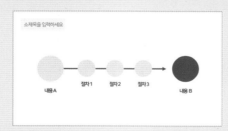

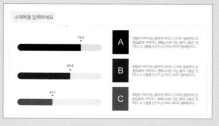

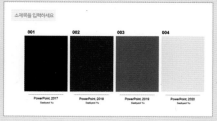

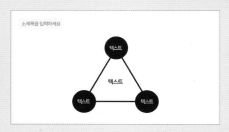

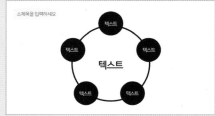

참고 문헌

1. 윌리엄 리드웰 외, 「디자인 불변의 법칙 125가지」, 방수원 옮김, 고려문화사, 2012

2. 신의철, 「좋아 보이는 것들의 비밀 모션그래픽」, 길벗, 2013

3. Brand, Willemien, 「Visual Thinking : Empowering People and Organisations through Visual Collaboration」, Bis Publ, 2017

4. 筒井美希, 「なるほどデザイン 目で見て樂しむデザインの本」, エムディエヌコーポレーション, 2015

5. 尾澤早飛, 「イメージをパッと形に變えるデザイン大全」, SBクリエイティブ, 2012

6. 전미진, 「시각과 촉각의 자극에 따른 작업기억」 석사학위청구논문, 2012

INDEX

**새별의 심플한
PPT 디자인 노하우**

1판 1쇄 발행 2022년 2월 23일
1판 2쇄 발행 2023년 1월 11일

지은이 유새별

발행인 양원석 **책임편집** 차선화
디자인 신자용, 김미선 **영업마케팅** 윤우성, 박소정, 이현주, 정다은, 백승원

펴낸 곳 ㈜알에이치코리아
주소 서울시 금천구 가산디지털2로 53, 20층 (가산동, 한라시그마밸리)
편집문의 02-6443-8861 **도서문의** 02-6443-8800
홈페이지 http://rhk.co.kr
등록 2004년 1월 15일 제2-3726호

ISBN 978-89-255-7871-2 (13000)